A PLACE FOR ART

The Architecture of the National Gallery of Canada   L'architecture du Musée des beaux-arts du Canada

UN LIEU POUR L'ART

WITOLD RYBCZYNSKI

National Gallery of Canada

Musée des beaux-arts du Canada

Ottawa, 1993

Produced by the Publications Division
of the National Gallery of Canada, Ottawa.

Design by Nelson Vigneault, ThinkDesign

PRINTED IN CANADA

Available through your local bookseller or from:
The Bookstore
National Gallery of Canada
380 Sussex Drive, Box 427, Station A
Ottawa K1N 9N4

Canadian Cataloguing in Publication Data

Rybczynski, Witold, 1943–
A place for art : the architecture of the National Gallery
of Canada = Un lieu pour l'art : l'architecture du
Musée des beaux-arts du Canada.
ISBN 0-88884-620-7

Text in English and French.
1. National Gallery of Canada. 2. Art museum architecture – Ontario –
Ottawa. I. National Gallery of Canada. II. Title. III. Title: Un lieu pour l'art.
IV. Title: The architecture of the National Gallery of Canada.

                                                            708.11'384
N910 07 R92 1993   CIP 93-009102-8E

Cet ouvrage a été produit par le Service des publications
du Musée des beaux-arts du Canada, Ottawa.

Conception graphique de Nelson Vigneault, ThinkDesign

IMPRIMÉ AU CANADA

Disponible chez votre libraire ou en vente à
la Librairie du Musée des beaux-arts du Canada,
380, promenade Sussex,
C.P. 427, Succursale A,
Ottawa K1N 9N4

Données de catalogage avant publication (Canada)

Rybczynski, Witold, 1943–
A place for art : the architecture of the National Gallery
of Canada = Un lieu pour l'art : l'architecture du
Musée des beaux-arts du Canada.
ISBN 0-88884-620-7

Texte en anglais et en français.
1. Musée des beaux-arts du Canada. 2. Art – Musées – Architecture – Ontario –
Ottawa. I. Musée des beaux-arts du Canada. II. Titre. III. Titre : Un lieu pour l'art. IV.
Titre : L'architecture du Musée des beaux-arts du Canada.

                                                            708.11'384
N910 07 R92 1993   CIP 93-099102-8F

COVER
National Gallery of Canada, exterior view
through to Contemporary galleries,
from Sussex Drive
Photograph by Timothy Hursley, Little Rock

COUVERTURE
Musée des beaux-arts du Canada, vue depuis
la promenade Sussex des galeries
d'art contemporain
Photographie par Timothy Hursley, Little Rock

**CONTENTS
SOMMAIRE**

ART INSIDE THE WALLS

L'ART EN SALLE

You want to see a real panda, you go to the zoo; you want to look at a real Picasso, you go to an art museum. Although more people view reproductions of art in picture books and on television than they do the actual objects, these are not successful surrogates. Despite the advanced technology of colour printing, reproductions are usually too small, television images too fuzzy. In art, nothing can take the place of the real thing. And for most of us, museums offer the main opportunity for a satisfying firsthand experience of great art. Happily, most Canadian cities have an art museum. Like the public library, the theatre, and the concert hall, the art museum is a cultural institution we've come to take for granted. It seems natural to us that there should be places where we can go on a Sunday afternoon to look at paintings, or where groups of schoolchildren will be taken to see their artistic heritage. At least once a year there will be a major exhibition assembling works from around the world, or presenting a great artist's lifework, or bringing us treasures from ancient cultures. And even if we aren't regular museumgoers, it's comforting to know there's a place where art is on display for all to see.

Most of our urban cultural institutions have a long history. There have been libraries, for instance, since ancient times – archaeologists have found examples in Assyria and Egypt as early as 1200 B.C. Western drama traces its development from the open-air theatre of Dionysus in Athens; during the Renaissance, theatres were common features in European cities. The antecedents of the concert hall were the music rooms built over London taverns in the late seventeenth century; by Mozart's time, Vienna had many public buildings in which popular musical theatre, concerts, and opera were performed.

Pour voir un panda en chair et en os, le curieux se rendra au jardin zoologique. Pour admirer un Picasso original, il ira dans les musées. Ce n'est pourtant pas là que, la plupart du temps, le public découvre les œuvres d'art, mais dans les livres ou sur le petit écran. Ceux-ci ne sont que de médiocres substituts, car en dépit des technologies de reproduction couleur les plus poussées, les planches sont souvent trop petites, les images télévisées trop floues. Dans l'art, rien ne remplace l'objet réel et les musées demeurent donc, pour la plupart d'entre nous, le chemin le plus sûr pour avoir un contact direct avec le grand art. La majorité des grandes villes canadiennes possèdent leur musée d'art puisque nul citoyen ne saurait se passer de musée, pas plus que de bibliothèque publique et de salle de théâtre ou de concert. Quoi de plus normal, un dimanche après-midi, que de pouvoir visiter tel ou tel lieu pour y admirer des tableaux ? Que des groupes d'écoliers puissent découvrir là leur patrimoine artistique ? Une fois l'an, peut-être, on y verra des chefs-d'œuvre venus du monde entier, ou quelque rétrospective d'un grand artiste, ou les trésors d'antiques cultures. Et même pour ceux et celles qui fréquentent peu les musées, l'existence d'un lieu pour l'art ouvert à tous importe.

Presque tous les établissements culturels d'une ville témoignent d'une longue tradition. Les bibliothèques, par exemple, existent depuis des temps reculés; on en a retrouvé des vestiges archéologiques en Assyrie et en Égypte qui remontent à l'an 1200 av. J.-C. Le théâtre occidental tire son origine des spectacles en plein air en l'honneur de Dionysos à Athènes; les villes européennes de la Renaissance multiplièrent les salles de théâtre. La première salle de concert revient aux Londoniens de la fin du XVIIe siècle qui faisaient de la musique à l'étage supérieur des tavernes. Du vivant de Mozart, Vienne présentait dans de nombreux édifices publics des comédies musicales populaires,

But if one were to ask, say, a contemporary of Mozart's the way to the art museum, the response might be unexpected: "The art museum? What's that?"

The idea that works of art could be publicly displayed in a special building is not much more than two hundred years old. Art, of course, is much older than that, and buildings housing private art collections existed even in ancient Greece and Rome. But before the development of the museum, art was not something that ordinary people went to one place to look at. Art was usually experienced in the course of daily life: in the sculptured metopes in the Parthenon frieze, Trajan's column in the Forum, the mosaics of Sant'Apollinare Nuovo in Ravenna, the great stained-glass windows of Lincoln Cathedral, the doors of the baptistry in Florence, or the statue of *David* in the Piazza della Signoria. Most people experienced art as part of an ensemble; there were few "individual" works of art, at least not as we understand the concept today.

All art, religious as well as secular, embodied meaning, and its meaning was often more important than its formal qualities. When we admire Michelangelo's *David*, we think of the genius of its maker; to the sixteenth-century Florentine, however, the statue was also a political symbol commemorating the victory of republicanism over tyranny. This is still the way we experience war monuments: first, as symbols (of military heroism and personal sacrifice); second, as civic landmarks; and last, as works of art.

Art did exist in homes, at least in the homes of the wealthy, but until the seventeenth century it would have been rare to find an assortment of paintings hanging on the walls of a house. The ancient Romans engaged mural painters to decorate their homes, and for a long time this was the most common form of domestic art. In the case of the Villa Barbaro, designed by Palladio around 1556, art and decor were one: the painter, Veronese, worked right on the walls and ceiling. Later it became common for the architect to design the interior panelling and leave space,

des concerts et des opéras fort appréciés. Mais si un voyageur avait demandé à un contemporain de Mozart quel chemin prendre pour se rendre au musée d'art de la ville, la réponse aurait eu de quoi surprendre : « Le musée d'art ? Mais de quoi s'agit-il ? »

Ce n'est que depuis un peu plus de deux siècles que des œuvres d'art sont exposées en public dans des édifices spécialement aménagés. L'expression artistique, bien sûr, est plus ancienne; certains édifices de la Grèce et de la Rome antiques, par exemple, exposaient des collections privées. Mais avant la naissance des musées, l'art n'était pas quelque chose que le grand public pouvait contempler en un lieu donné. Pour la plupart des citoyens, l'art faisait tout simplement partie de la vie quotidienne : métopes sculptées de la frise du Parthénon, colonne de Trajan au Forum, mosaïques de Sant'Apollinare Nuovo à Ravenne, vitraux grandioses de la cathédrale de Lincoln, portes du baptistère de Florence et statue de *David* sur la piazza della Signoria. Pour la majorité des citoyens, l'art faisait partie intégrante d'un ensemble puisqu'il existait peu d'œuvres « individuelles », du moins tel qu'on l'entend aujourd'hui.

Religieuse ou séculière, l'œuvre avait un sens propre qui prenait le pas habituellement sur ses qualités formelles. Si le *David* de Michel-Ange évoque pour nous le génie de son créateur, les Florentins du XVIᵉ siècle y voyaient également un symbole politique commémorant la victoire de la République sur la tyrannie. Les monuments commémoratifs comme les monuments aux morts d'aujourd'hui jouent toujours ce rôle primordial de symboles de l'héroïsme militaire et du sacrifice personnel; ensuite, ils sont des monuments civiques; en dernier lieu, des œuvres d'art.

On trouvait bien des œuvres d'art chez les particuliers, du moins chez les riches. Il était rare cependant de voir dans une résidence d'avant le XVIIᵉ siècle une collection de tableaux accrochée aux murs. Les anciens Romains demandaient à des artistes peintres de décorer les murs de leurs demeures. Ce fut, pendant longtemps, la forme la plus répandue des collections d'art privées. À la villa Barbaro, conçue par Palladio vers 1556, l'art et la décoration ne faisaient qu'un : Véronèse avait peint directement sur les murs et les plafonds. Par la suite, les architectes eurent soin de

Villa Barbaro, Maser, Italy. Trompe l'oeil decoration painted by Veronese, 1561

Villa Barbaro, Maser, Italie. Décor en trompe-l'œil peint par Véronèse en 1561

especially over the mantelpiece and on the ceiling, for paintings; wall niches were provided for sculptures. Tapestries and carpets were created for specific rooms. Such art – often on a theme requested by the client – was integrated into the decoration of the room and, like much of the furniture, was never moved.

By the late sixteenth century, easel painting was firmly established, and art began to be divorced from its surroundings; in *Henry VI*, Shakespeare mentions pictures hanging in a "gallery." The gallery, which resembled a balcony or arcade, was a long space used as a corridor alongside rooms in a large house. Later, the gallery, still long and narrow, became a fully enclosed room, usually the grandest room in the house, where the family

prévoir des espaces pour les œuvres picturales, en particulier au plafond et au-dessus du manteau de la cheminée, sans oublier des niches pour les sculptures. On créait tapisseries et tapis pour des pièces précises. Ces œuvres, qui répondaient souvent aux désirs du client, faisaient corps avec la décoration; comme la majorité des meubles qui s'y trouvaient, elles n'étaient jamais déplacées.

À la fin du XVIe siècle, les tableaux de chevalet étaient répandus et l'on vit pour la première fois l'œuvre d'art se détacher de son lieu traditionnel. Shakespeare mentionne dans *Henri VI* des peintures accrochées dans une « galerie ». Or, cette galerie, qui ressemblait à un balcon ou à une arcade, était un long corridor qui reliait entre elles les pièces d'une grande demeure. Avec les années, cette galerie, toujours longue et

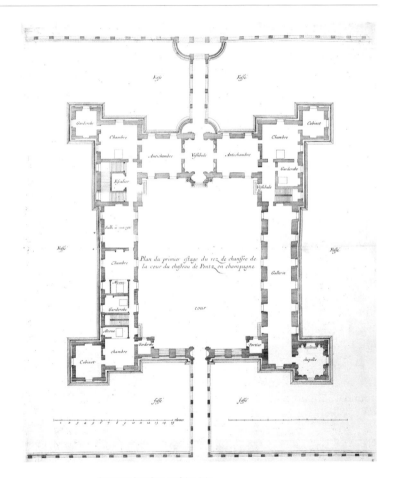

Château de Pont, Pont-sur-Seine, Aube
(c. 1640). Plan showing long gallery at right

Château de Pont, Pont-sur-Seine, Aube
(v. 1640). Plan sur lequel on peut voir la
longue galerie à droite

riches – silver plate, furniture, and, sometimes, works of art – were displayed. (By the nineteenth century, these private museums housed not only paintings and sculptures but also collections of curios and antiquities.) Smaller houses did not have galleries. Seventeenth-century Dutch burghers owned large numbers of individual paintings, which they hung about the house – paintings were just as likely to be in the kitchen or bedroom as in the front room, sharing wall space with framed mirrors, maps, china, brassware, and musical instruments.

Throughout Europe, the rich collected art on a grand scale – big paintings and many of them – but the way in which pictures were hung suggests that the appreciation of individual works was secondary to the decorative effect of the overall display. Paintings were arranged side by side and one above the other, from floor level to ceiling. They were usually grouped symmetrically according to shape and size, not according to who had painted them. The effect of these "picture cabinets" could be overwhelming; the one in the royal castle in Prague, for example, which was itself the subject of a 1702 painting by Johann Bretschneider, was so full of paintings that it resembled a crazy quilt or a page in a child's stamp album.

The gallery and the picture cabinet were the precursors of the art museum, with one vital difference: they were not accessible to the general public. Although there were a few early public galleries (such as the Oxford Ashmolean, which opened in 1683), private art museums housing royal and princely collections began – tentatively and very selectively – to open their doors to the public only at the end of the eighteenth century. The Public Art Gallery was inaugurated in Vienna in 1792; the Vatican collection opened to the public the following year. In most of North America art museums arrived about a hundred years later.

étroite, se transforme en une pièce complètement close, ordinairement la plus belle de la maison, où la famille expose ses trésors : vaisselle d'argent, meubles et, parfois, œuvres d'art. (À la fin du XIXᵉ siècle, ces musées privés abritaient non seulement des peintures et des sculptures, mais aussi des collections de bibelots et d'antiquités.) Les petites habitations, de leur côté, ne possédaient pas de telles galeries. Les bourgeois hollandais du XVIIᵉ siècle accrochaient leurs nombreux tableaux dans la chambre, ou la cuisine, ou la pièce d'entrée, où ils côtoyaient les glaces encadrées, les mappemondes, les porcelaines, les ustensiles de cuivre et les instruments de musique.

Toute l'Europe avait ses riches collectionneurs dont les tableaux étaient plus grands, plus nombreux. La manière dont ces derniers étaient accrochés laisse cependant croire que l'intérêt pour la décoration d'ensemble passait avant l'appréciation des œuvres individuelles. Car les peintures étaient disposées côte à côte et l'une au-dessus de l'autre, depuis le sol jusqu'au plafond, le plus souvent regroupées avec symétrie d'après leurs formes et dimensions, et non d'après leur créateur. L'effet de ces cabinets d'amateurs avait tout pour écraser le visiteur. C'était le cas au château royal de Prague dont le cabinet fut même le sujet d'un tableau de Johann Bretschneider en 1702. Le cabinet était si encombré qu'on aurait dit une courtepointe extravagante ou quelque page d'album de timbres enfantin.

La galerie et le cabinet privé sont les précurseurs du musée d'art, à cette différence près, mais fondamentale, qu'ils n'étaient pas accessibles au grand public. Bien qu'il existât quelques rares galeries d'art publiques telles que l'Ashmolean à Oxford, ouverte en 1683, ce n'est qu'à la fin du XVIIIᵉ siècle que des musées privés abritant des collections royales et princières ouvrirent leurs portes de façon hésitante et très sélective. La Galerie d'art publique fut inaugurée à Vienne en 1792 et la collection du Vatican l'année suivante. Les musées d'art devaient faire leur apparition en Amérique du Nord un siècle plus tard.

Pieter de Hooch, *The Mother's Task*, 1658–60. Rijksmuseum, Amsterdam

Pieter de Hooch, *Le travail d'une mère*, 1658–1660. Rijksmuseum, Amsterdam

Johann Bretschneider, *The Picture Collection in the Castle at Prague*, 1702. Germanisches Nationalmuseum, Nuremberg

Johann Bretschneider, *La pinacothèque du château de Prague*, 1702. Germanisches Nationalmuseum, Nuremberg

East front of the old Ashmolean Museum, Oxford, 1685

Façade orientale de l'ancien Ashmolean Museum, Oxford, 1685

The chief impetus for what the British writer Paul Johnson has called the "democratization of art" was the French Revolution. Not only was the Louvre opened to the public in 1793 – it had been the private domain of the monarch – but it also became a repository for art that the victorious Republican armies sent back from the Italian states. The royal museum was transformed into a national museum. Nor was the public museum restricted to France. Napoleon Bonaparte was instrumental in establishing museums across Europe: the Accademia in Venice, the Rijksmuseum in Amsterdam, and the Brera in Milan. Eventually, Bonaparte fell, but the notion of sharing art with the public remained.

L'étape décisive de la « démocratisation de l'art », selon les termes de l'écrivain britannique Paul Johnson, fut franchie lors de la Révolution française. Non seulement le Louvre s'ouvrit au public en 1793 – alors qu'auparavant il servait de résidence royale –, mais, plus encore, on lui confia les œuvres que les armées républicaines victorieuses rapportèrent d'Italie. De royal qu'il était, le musée devint national.
Puis le musée public se répandit hors des frontières françaises, Bonaparte voyant à la création de tels établissements d'art dans toute l'Europe : à Venise, l'Accademia; à Amsterdam, le Rijksmuseum; à Milan, le Brera. Lorsque Bonaparte disparaît, le concept d'art public est implanté.

Hubert Robert, *Project for Lighting the Grande Galerie of the Louvre*, 1796. Musée du Louvre, Paris

Hubert Robert, *Projet d'aménagement de la Grande Galerie du Louvre*, 1796. Musée du Louvre, Paris

Veronese room, Galleria dell'Accademia, Venice

Salle Véronèse, Galleria dell'Accademia, Venise

The public art museum came into its own during the early nineteenth century. It had two main purposes: it provided a home for what was coming to be seen as a national or at least a cultural heritage, and it exemplified the sort of high-minded civilizing mission evident in other Victorian institutions such as public libraries, science museums, botanical gardens, and, yes, municipal zoos. From the beginning, the public art museum had a pedagogical role. The founders of these first museums – in Canada and the United States they were usually private citizens – believed that making great art available to the public would elevate the national soul. The museum was not merely a public building like a post office; it was a civic monument.

Le début du XIXe siècle devait être marqué par l'autonomie du musée d'art public. On lui assigna deux buts principaux. D'une part, il abriterait ce que l'on commençait à considérer comme le patrimoine national, ou à tout le moins culturel; qui plus est, le musée représentait cette même généreuse mission civilisatrice clairement proposée par d'autres établissements victoriens tels que bibliothèques publiques, musées des sciences, jardins botaniques et, bien sûr, parcs zoologiques municipaux. Dès le début, le musée d'art public devait donc jouer un rôle pédagogique. Ses fondateurs – au Canada et aux États-Unis, habituellement des particuliers – voulaient ennoblir l'âme nationale en permettant au public d'avoir accès aux grandes œuvres de l'art. Le musée n'était pas simplement un édifice public comme le bureau de poste, mais un monument civique.

Notman and Fraser Studio, *The Ontario Art Union Exhibition, The Gallery, Toronto,* 1873

Studio Notman et Fraser, *L'exposition de l'Ontario Art Union, The Gallery, Toronto,* 1873

The museum made it possible for ordinary people to see the masterworks that had previously been hidden in the houses of the rich. In that sense, art had returned to the public sphere. But the museum had another, less evident effect, as André Malraux noted in *The Voices of Silence*: it imposed on the spectator a wholly new attitude to the work of art. Isolated in the museum, the painting or sculpture was no longer part of a larger context, it was now experienced as an individual artifact. Malraux maintained that this estrangement of art from its original context altered – if it did not altogether remove – the original meanings of the works themselves. A portrait by Thomas Gainsborough, for example, hanging in an English country house had been a representation of a revered ancestor; on the museum wall, the subject matter receded in importance, and the work was appreciated for its aesthetic and painterly qualities. To the museum visitor it was now simply "a Gainsborough."

A sense of exclusion – and of exclusivity – naturally focused attention on the reputation of the individual artist, who benefited from the cachet of being selected for inclusion in this artistic pantheon. At first, such cachet was enjoyed posthumously, for museums were uniquely concerned with the art of the past; only when an artist had died was his work hung in the Louvre. This changed in 1818, when the Luxembourg Museum was founded specifically to display the work of living French artists. As Francis Haskell has observed, this was a moment of great significance in the evolution of the art museum. He suggests that it was the prestige and financial resources of museums such as the Luxembourg that encouraged painters like Delacroix, Courbet, and Géricault to create works that, sheerly because of their size, could be hung only in museums. The museum was no longer acting as custodian but also as patron – a role it maintains strongly to the present day.

Le citoyen ordinaire avait ainsi la possibilité d'aller voir les chefs-d'œuvre demeurés jusque-là cachés dans les riches résidences. L'art revenait, pour ainsi dire, dans le domaine public. Le musée exerçait pourtant une autre influence, moins évidente. Comme le note André Malraux dans les *Voix du silence*, il impose au spectateur une attitude totalement nouvelle face à l'œuvre d'art. Isolées dans un musée, les peintures et les sculptures ne dépendent plus d'un plus vaste contexte; elles sont dorénavant considérées comme des objets d'art individuels. L'auteur soutient que cette aliénation de l'art par rapport à son contexte original modifie, sinon efface complètement, le sens original des œuvres elles-mêmes. Tel portrait par Thomas Gainsborough accroché dans une maison de campagne anglaise représentait autrefois un ancêtre vénéré; sur les cimaises, le sujet de l'œuvre perd de son importance, ses qualités esthétiques et techniques faisant seules l'objet de l'appréciation du visiteur : c'est « un Gainsborough », et rien d'autre.

Un sentiment d'exclusion – et d'exclusivité – attirait naturellement l'attention sur l'artiste qui bénéficiait du prestige d'avoir été choisi pour figurer dans le panthéon artistique. Pendant longtemps, il ne put toutefois en jouir qu'à titre posthume, les musées ne s'intéressant qu'aux œuvres passées, l'artiste n'étant exposé au Louvre qu'après sa mort. Tout cela changea en 1818 lorsque fut créé le musée du Luxembourg pour présenter uniquement les œuvres d'artistes français vivants. Selon Francis Haskell, ce fut une étape majeure dans l'évolution du musée d'art; il pense même que la réputation et les ressources financières d'établissements tels que celui du Luxembourg poussèrent Delacroix, Courbet et Géricault, par exemple, à peindre des œuvres qui, ne serait-ce qu'à cause de leur taille, ne pouvaient trouver place qu'au musée. Celui-ci n'était plus que le gardien de l'art, il en devenait le protecteur – rôle qu'il joue toujours activement aujourd'hui.

The American architect Louis Kahn used to say that the way to begin to design a building was to ask the question "What does the building want to be?" Kahn believed that all buildings had intrinsic spiritual functions that transcended the circumstantial and local requirements of site, construction technology, and owner's purpose. The spirit of a building was timeless; once the architect discovered this poetic inner essence, the rest was easy. For example, Kahn described a library as a place where a person could take a book to a window and sit down to read. The result was his library at Phillips Exeter Academy, where a ring of private study carrels surrounds the dark, interior book stacks.

What does an art museum want to be? The difficulty, for the modern architect, is that there is more than one answer. The art museum wants to be a place where people can experience art. That sounds simple enough, but the nature of this experience is different from those of, say, the performing arts. The play, the symphony, and the ballet are created with an audience in mind; the presence of the public is a crucial ingredient of the performance. Visual art, too, is made for a public, but unlike certain other art forms, it speaks essentially to an audience of one. Looking at a painting is like reading a book. Hence the first contradiction of the museum. It is a public building whose chief purpose is to provide an opportunity for an event that is not public but personal and intimate. Going to a museum may be a social act, but looking at a painting is a private one.

The art museum wants, in Kahn's parlance, to be a room – a place of light – containing a picture, but the museum is required to accommodate many other uses as well; in fact, in most contemporary museums picture galleries account for only a fraction of the total area (less than a quarter of the building housing the National Gallery of Canada is devoted to exhibition spaces). The rest is taken up by curatorial and staff offices, workshops, restoration and conservation laboratories, auditoriums and lecture rooms, restaurants, lobbies, and the now indispensable souvenir shop and bookstore. There's also usually a large space that's intended

L'architecte américain Louis Kahn affirmait que le concepteur d'un quelconque édifice devait soulever une question : « Que veut être cet édifice ? » Kahn croyait en effet que tous les bâtiments avaient des fonctions spirituelles intrinsèques qui transcendaient les contraintes circonstancielles particulières de l'emplacement, les techniques et l'intention du propriétaire. L'« esprit » d'un édifice était hors du temps; une fois que l'architecte en avait saisi la nature poétique intime, le reste allait de soi. La bibliothèque, par exemple, n'est-elle pas un endroit où l'on peut emprunter un livre, poursuivait Kahn, et s'asseoir près d'une fenêtre pour le lire ? Il créa, dans cet esprit, la bibliothèque de la Phillips Exeter Academy dont l'intérieur sombre, qu'occupe le rayonnage, est entouré de cabinets particuliers.

Que veut donc être un musée d'art ? La multiplicité des réponses embarasse l'architecte moderne. Dire que le musée est un lieu où le public vivra une expérience artistique paraît simple, mais la nature de cette expérience n'a rien de commun avec, par exemple, les arts de la scène. Le créateur d'une pièce de théâtre, d'une symphonie ou d'un ballet a un public particulier en tête, public dont la présence est une composante essentielle de la représentation. Les arts plastiques sont aussi créés pour un public, à cette différence près que la peinture ne s'adresse qu'à l'individu. Regarder un tableau, c'est un peu lire un livre; de là naît la première contradiction du musée. Édifice public, il a pour but premier de faire participer à un événement qui n'est pas public mais individuel et intime; aller au musée peut être un acte social, mais contempler une peinture demeure une affaire privée.

Le musée d'art serait, dans le langage de Kahn, une salle – un lieu de lumière – qui contient un tableau. Mais l'édifice doit également satisfaire beaucoup d'autres usages. En fait, dans la plupart des musées contemporains, les galeries ne représentent qu'une faible partie de l'espace total (au Musée des beaux-arts du Canada, moins d'un quart de l'édifice est réservé aux aires d'exposition), le reste étant occupé par les muséologues et le personnel, les ateliers et les laboratoires de restauration et de conservation, les auditoriums et les salles de conférences, les restaurants et les foyers et, selon un usage consacré, le magasin de souvenirs et la librairie. On y retrouve habituellement une aire importante destinée aux réceptions, galas, concerts

for social occasions, galas, musical performances, banquets, and other public celebrations. As the art critic Ellen Posner has pointed out, these events are often unrelated to museum life. The modern museum is just as likely to be the locale for a society wedding or state dinner as for an exhibition. Posner maintains that the museum now stands at the centre of social life, "although the art is still in there someplace." This expansion of the museum's role makes purists uncomfortable, but, given the economic pressures under which all museums labour, it seems inevitable.

The architect must find a balance between art and commerce. He must provide space for all these other uses without losing sight of the soul of the museum: the rooms with the pictures. It's become a common experience in modern museums to make our way through spatially exciting lobbies and dramatic skylit atriums until, finally, our sensibilities pumped up by these overrich architectural appetizers, we arrive at the galleries, where the experience of the paintings can seem like an anticlimax.

One of the challenges to the architect, especially if the museum is a large one, is to give appropriate importance to the picture galleries while organizing the building so that the visitor can find his way around. In too many museums the maze of rooms and corridors seems to have been arranged by someone enamoured of Minoan labyrinths. Once embarked on this exhausting artistic journey, we soon find our pleasure giving way to sore feet and an aching back, and we may retreat with relief to the "non-art" spaces, the restaurant, or the gift shop.

Museums contain art from many periods: Byzantine Madonnas and Impressionist landscapes, modern abstractions and seventeenth-century still lifes. Some of these works were meant to be seen in intimate domestic settings; others can be appreciated only in large, loftlike spaces. The work of some painters, like Poussin or Claude Lorraine, needs breathing space; the work of others, like Vermeer, or many of the Impressionists, looks small and insignificant if hung in a grand room. Modernist paintings are usually best appreciated against a

et banquets, de même qu'à d'autres fêtes publiques. Comme l'a remarqué la critique d'art Ellen Posner, ces manifestations n'ont souvent aucun rapport avec la vie de l'édifice. Le musée moderne peut tout aussi bien servir de cadre à un grand mariage ou à un dîner d'État qu'à une exposition. Le musée, pour Posner, occupe maintenant le centre de la vie sociale, « bien que l'art doive bien s'y trouver encore quelque part ». Cet élargissement de la fonction muséologique indispose les puristes mais semble inévitable si l'on considère les contraintes économiques auxquelles sont soumis ces établissements.

L'architecte doit donc chercher un équilibre entre l'art et les préoccupations commerciales et prévoir un espace pour toutes ces autres utilisations du musée, sans jamais oublier ce qui en constitue l'âme même : les galeries et leurs œuvres. Il arrive souvent que le visiteur qui circule dans un musée contemporain retombe tout à coup sur terre, après avoir été enlevé par un hall d'entrée ou un imposant atrium ajouré, lorsqu'il parvient dans les salles où il veut apprécier les tableaux.

L'une des difficultés pour l'architecte, en particulier lorsqu'il s'agit de construire un grand musée, est de donner suffisamment d'importance aux galeries et d'organiser l'espace de telle manière que le visiteur ne s'égare pas. Le dédale de salles et de couloirs semble avoir été mis au point, bien souvent, par un passionné des labyrinthes de Minos. Une fois engagé dans cet épuisant parcours artistique, le spectateur ne tarde pas à s'apercevoir que son plaisir fait place aux maux de pieds et de dos; c'est avec soulagement qu'il se dirige vers le restaurant ou la boutique, c'est-à-dire vers les aires qui ne sont pas destinées à l'art.

Madonnes byzantines ou paysages impressionnistes, abstractions modernes ou natures mortes du XVIIe siècle, les œuvres présentées dans les musées appartiennent à des périodes diverses. Certaines sont destinées à être vues dans un cadre domestique intime; d'autres ne seront appréciées que dans une pièce aussi vaste qu'un loft. Les peintures de certains artistes comme Poussin ou le Lorrain ont besoin d'avoir « les coudées franches »; celles de Vermeer ou de nombreux impressionnistes paraîtront petites et insignifiantes lorsqu'exposées dans une pièce d'aspect grandiose. Les tableaux modernes sont habituellement mis en valeur par un fond neutre, mais il n'en va pas

neutral background, but this is not true of older paintings, which tend to benefit from richer surroundings. In old museums, where eighteenth-century paintings hang in eighteenth-century rooms, there is an automatic accord between subject and setting that is not always present in newer buildings. It's not easy to hang pictures well. The recent renovations of the galleries for French paintings at the Louvre – not generally judged a success, and already slated for redesign – are evidence of the difficulty of this task. Then, too, there is no such thing as ideal lighting. Paintings from different periods need different illumination: soft or harsh, warm or cool. This is another contradictory requirement: on the one hand, a varied collection demands a variety of rooms, while on the other, the architect strives to maintain a sense of continuity.

de même de peintures plus anciennes qui ressortent mieux dans un cadre somptueux. Dans les musées anciens qui exposent des peintures du XVIIIᵉ siècle dans des galeries de même époque, les œuvres s'accordent habituellement avec le lieu, ce qui n'est pas toujours le cas dans les bâtiments plus récents. L'accrochage des tableaux n'est pas tâche facile. Les rénovations récentes des galeries d'art français au Louvre, qu'on dit généralement ne pas être une réussite et qu'on a décidé de refaire, prouvent combien la tâche est ardue. Il n'existe pas non plus d'éclairage idéal : des peintures de périodes différentes exigent divers éclairages, doux ou durs, chauds ou froids. Voilà que surgit une autre contradiction : d'un côté une collection d'œuvres variées qu'il faut exposer dans des galeries différentes, de l'autre un architecte qui s'efforce de maintenir une impression de continuité.

James Digman Wingfield, *The Picture Gallery, Stafford House*, 1848, depicting Murillo's *Abraham and the Three Angels* now in the National Gallery's collection (see p. 74)

James Digman Wingfield, *Le cabinet de peintures, Stafford House*, 1848, représentant *Abraham et les trois anges* de Murillo, aujourd'hui dans la collection du Musée (voir p. 74)

Finally, the museum designer must consider the question of symbolism. The museum is a repository of culture, of what we consider to be the highest achievements of the visual arts. It's hardly surprising that the earliest museums often resembled temples, for the museum aspires to be a kind of shrine. But a museum, unlike a private gallery, is a *civic* monument, and hence stands as a symbol not just of art but of the importance that we as citizens place on art. The educational role of the museum requires that it be open and welcoming to the public; it must impress but also attract. This obliges the architect to tread a fine line. If the building is too grand, too palatial, it may alienate the very people it hopes to serve; if it's too ordinary, it risks trivializing its subject.

Never have museums been so popular with the public, and yet paradoxically, as Mark Lilla has pointed out, never have they been so confused about their social role. This confusion is apparent in the conflicting demands for building real art appreciation and merely building attendance, or between the allocation of resources to assemble solid collections and to erect eye-catching monuments. It appears that many museums are abandoning their traditional roles as custodians of aesthetic standards in order to better reflect contemporary social and cultural values – embracing populism instead of connoisseurship. This may be a positive development, but it is also risky. For one thing, it puts the art museum in direct competition with television and movies. Under such circumstances, it is not difficult to imagine the art institution degenerating into a sort of art theme park. Clearly, for the architect, finding the right symbolic solution for the modern museum is no easy task.

Enfin, le symbolisme du musée doit pousser le concepteur à s'interroger. Un tel bâtiment n'est-il pas le dépositaire d'une culture, c'est-à-dire des œuvres considérées comme les plus hautes réalisations des beaux-arts. Il n'est donc pas surprenant que les premiers musées d'art aient souvent ressemblé à des temples : on a voulu faire du musée un reliquaire. Mais à la différence de la galerie privée, il est un monument civique et pour cette raison, non seulement symbolise-t-il l'art lui-même mais encore l'importance que les citoyens accordent à l'objet d'art. De par son rôle éducatif, le musée devra être ouvert et hospitalier; il devra impressionner mais aussi attirer, soumettant l'architecte à un difficile exercice de voltige. Si l'édifice est un palais, il aliénera les visiteurs qu'il espère précisément servir; trop ordinaire, il ravalera son objet.

Si les musées n'ont jamais été aussi populaires auprès du public, jamais, paradoxalement, leur fonction sociale n'a-t-elle semblé aussi confuse, note Mark Lilla. Cette confusion apparaît dans les exigences contradictoires que sont le développement du goût artistique et la simple augmentation de la fréquentation ou l'allocation de fonds permettant la constitution d'une riche collection et la construction d'édifices spectaculaires. De nombreux musées semblent avoir renoncé à leurs rôles traditionnels de gardiens des normes esthétiques afin de mieux refléter les valeurs sociales et culturelles de leur temps : la connaissance de l'art cède au populisme. Il s'agit peut-être là d'un changement positif, mais il est risqué. En quête d'un public, le musée d'art compétitionne directement avec la télévision et le cinéma. On imaginera facilement le danger qui le guette de se voir transformer en une sorte de parc d'attractions. De toute évidence, les architectes éprouvent quelque difficulté à préciser le symbolisme approprié au musée moderne.

FROM PALACE TO SHOPPING MALL: THE EVOLUTION OF THE ART MUSEUM

DU PALAIS AU CENTRE COMMERCIAL OU L'ÉVOLUTION DU MUSÉE D'ART

No building, no matter how innovative its architect, is created in a vacuum, and the National Gallery of Canada is no exception. While it incorporates some unusual features, it is part of a long architectural development that began in the late eighteenth century, when art collections were first opened to the public. Since that time, the art museum has evolved through several phases, as the institution itself has changed and as architects have struggled to resolve the contradictions inherent in this unusual building type.

The first public museums represented a new use; one might have expected architects to invent a brand-new type of building, such as the Victorian railway station, which had no precedent in architectural history. Alternatively, it might have been possible to modify a traditional building type to suit the new function, as Thomas Jefferson did when he based the library at the University of Virginia on the Pantheon. But neither happened. The first public museums did not involve design at all, for they were housed in a variety of existing buildings, and in some cases these were buildings that already contained rooms specifically designed for the display of art. The collection of the Medici family, for example, which Anna Maria Lodovica, the last of the line, willed to the people of Florence in 1737, was housed in the Galleria degli Uffizi, which contained picture galleries designed by Buontalenti and Vasari;

Quel que soit l'esprit créateur dont fera preuve un architecte, l'édifice qu'il conçoit n'est pas créé *ex nihilo*; le Musée des beaux-arts du Canada ne fait pas exception à cette règle. Bien qu'il présente certaines caractéristiques inhabituelles, il s'inscrit dans une longue évolution architecturale commencée à la fin du XVIIIᵉ siècle quand les premières collections d'art s'ouvraient au public. Depuis lors, le musée d'art est passé par plusieurs étapes, marquées par le développement de l'institution elle-même et par les efforts des architectes pour résoudre les contradictions inhérentes à ce type de bâtiment.

Les premiers musées publics devaient répondre à un besoin nouveau. On aurait pu s'attendre à ce que les architectes inventent un type d'édifice inusité comme l'avait été la gare de chemin de fer victorienne, sans précédent dans l'histoire de l'architecture. On aurait également pu adapter un édifice de type traditionnel à de nouvelles fonctions, comme le fit Thomas Jefferson lorsqu'il s'inspira du Panthéon pour construire la bibliothèque de l'Université de Virginie. Il en fut autrement et les architectes n'ont pas eu leur mot à dire puisque les premiers musées publics furent logés dans toutes sortes d'édifices existants qui contenaient à l'occasion des pièces aménagées pour l'exposition d'œuvres. C'était le cas pour la collection des Médicis qu'Anne-Marie Louise, la dernière du nom, légua au peuple de Florence en 1737 et qu'on logea dans la Galleria degli Uffizi (les Offices), où se trouvaient des salles de peintures conçues par Buontalenti et Vasari.

Uffizi, Florence

Les Offices, Florence

the Museo Capitolino and the Palazzo dei Conservatori, both on the Capitoline in Rome, had held art since the Renaissance. On the other hand, the Loggia della Signoria in Florence, an open-air museum for sculpture established at the end of the eighteenth century, was originally a fourteenth-century reviewing stand used by officials during public ceremonies; the Galleria dell'Accademia in Venice was installed in what had been a convent. Early collections were generally princely in origin and so were often housed in royal palaces, such as the Louvre in Paris and the Belvedere in Vienna. Stately city residences – the Hôtel du Luxembourg in Paris, the Mauritshuis in The Hague – were sometimes co-opted for the public display of art.

C'était aussi le cas du musée Capitolino et du Palazzo dei Conservatori, tous deux sur le Capitole de Rome, qui enferment des œuvres d'art depuis la Renaissance. Il en était encore ainsi pour la Loggia della Signoria de Florence, musée de sculptures en plein air créé à la fin du XVIIIᵉ siècle, mais qui était à l'origine une tribune du XIVᵉ siècle qu'utilisaient les dignitaires lors de cérémonies publiques. La Galleria dell'Accademia, à Venise, fut installée dans un ancien couvent. Les premières collections, le plus souvent d'origine princière, étaient logées dans des palais royaux tels que le Louvre à Paris et le Belvédère à Vienne. D'imposantes demeures officielles telles que l'Hôtel du Luxembourg, à Paris, et le Mauritshuis, à La Haye, étaient quelquefois utilisées comme lieux d'exposition publique d'œuvres d'art.

Johann Zoffany, *The Tribuna at the Uffizi*, 1772–78. The Royal Collection, Her Majesty The Queen

Johann Zoffany, *La Tribune des Offices*, 1772–1778. La collection royale, Sa Majesté la reine

Carl Goebel, *The Main Sculpture Room in the Lower Belvedere, Vienna*, c. 1860. Kunsthistorisches Museum, Vienna

Carl Goebel, *La galerie principale de sculptures du Belvédère, niveau inférieur, Vienne*, v. 1860. Kunsthistorisches Museum, Vienne

Loggia della Signoria, Florence

Anonymous, *View of the Piazza della Signoria*,
c. 1500. Museo di San Marco, Florence. The
Loggia is visible at the right

Anonyme, *Vue de la Piazza della Signoria*,
v. 1500, Museo di San Marco, Florence.
La Loggia apparaît à droite

Baroque palaces were not designed as public buildings, but they were intended to accommodate large numbers of people and, with their impressive entrance halls and grand ceremonial staircases, were certainly spacious. Their lofty rooms, directly connected one to another, could be filled up with paintings in the indiscriminate manner of the earlier picture cabinets and served the purpose of displaying art reasonably well. And displaying art was all they were required to do. These first museums did not have auditoriums, conference rooms, or staff offices, let alone bookshops, restaurants, or kitchens. The pragmatic way in which art collections were fitted into whatever large buildings happened to be handy suggests that the museum was not considered an important civic institution. It was a storehouse of the past and had not yet acquired the public role – and the public image – that we associate with the museum today.

Not all European cities had vacant royal palaces, however, and as collections grew and museums became more popular, there began to be a need for new museums. The first buildings designed especially for the purpose of exhibiting art went up between 1810 and 1840, but architects had been thinking about museums for a while. As early as 1705, the German theoretician Leonhard Christoph Sturm published a short paper that described a building for the exhibition of "rare objects"; the plan, which consisted of a sequence of squarish rooms, was essentially that of a small château. In 1783, Étienne-Louis Boullée designed a theoretical project that anticipated many elements of the nineteenth-century museum; it had a clear route through a series of long rooms (which were based on the traditional gallery), symmetrical inner courtyards, windowless walls (to increase hanging space), and a domed central space that he called the "Temple of Fame."

Les palais baroques, qui n'avaient pas été conçus comme édifices publics, pouvaient toutefois accueillir un grand nombre de visiteurs. Avec leurs halls d'entrée grandioses et leurs escaliers d'honneur imposants, la place ne faisait certes pas défaut. Leurs pièces à plafond haut disposées en enfilade, où l'accrochage était aussi peu ordonné que dans les cabinets de peintures d'autrefois, offraient un cadre acceptable; à l'époque, on n'en demandait pas plus. Ces premiers musées n'avaient ni auditoriums, ni salles de conférences, ni bureaux pour le personnel, encore moins de librairies, de restaurants ou de cuisines. Le pragmatisme avec lequel les collections furent logées dans le premier grand bâtiment disponible donne à penser que le musée n'était pas considéré comme un établissement civique important. Il servait de réserve aux œuvres du passé et n'avait pas encore acquis le rôle public – et l'image publique – que nous lui prêtons aujourd'hui.

Toutes les grandes villes européennes ne disposaient cependant pas d'un palais royal inoccupé. Or, les collections s'enrichissant et les musées devenant plus populaires, il devint nécessaire de construire. Si les premiers édifices conçus pour y exposer des œuvres d'art n'apparaissent qu'entre 1810 et 1840, il y avait déjà un certain temps que des architectes s'étaient mis à la recherche d'un parti. Ainsi, dès l'an 1705, le théoricien allemand Leonhard Christoph Sturm publiait un court texte dans lequel il décrivait un édifice destiné à l'exposition d'« objets rares ». Le plan, qui présentait une série de pièces plutôt carrées, n'était pas sans rappeler un petit château. De nombreux éléments du musée du XIXe siècle sont déjà en gestation dans le projet qu'Étienne-Louis Boullée conçoit en 1783 : une série de longues salles inspirées de la galerie traditionnelle, à travers laquelle le visiteur circule; des cours intérieures symétriques; des murs aveugles pour y accrocher plus de tableaux, et une aire centrale coiffée d'un dôme, que Boullée appelle le « Temple de la Renommée ».

Leonhard Christoph Sturm's plan for a museum, with garden, as published in *Des Geöffneten Ritter-Platzes*, Hamburg, 1705

Plan d'un musée, avec jardin, de Leonhard Christoph Sturm, tiré de *Des Geöffneten Ritter-Platzes*, Hambourg, 1705

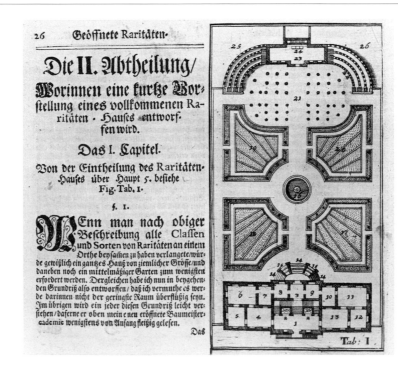

Étienne-Louis Boullée, *Project for a Museum*,
1783. Perspective (Temple of Fame), plan,
section, and elevation

Étienne-Louis Boullée, *Plan d'un muséum*,
1783. Perspective (Temple de la Renommée),
plan, coupe et élévation

Other French theorists of the time, like Claude-Nicolas Ledoux and Jean-Nicolas-Louis Durand, made similar proposals (never built) that eventually became the models for a rash of large public museums: the Altes Museum in Berlin (1824–28), the British Museum in London (1825–27), the Alte Pinakothek in Munich (1826–36), and the New Hermitage in St. Petersburg (1840–49). It should be noted that the British Museum, unlike the other institutions, was based not on a royal collection but on a private one, belonging to John-Julius Angerstein, a Lloyd's financier. This would be the pattern followed by most Canadian and American museums.

D'autres théoriciens français de l'époque tels que Claude-Nicolas Ledoux et Jean-Nicolas-Louis Durand présentèrent des projets analogues, qui ne furent jamais réalisés, mais qui néanmoins inspirèrent une véritable floraison de grands musées publics et servirent de modèles : l'Altes Museum (1824–1828), à Berlin; le British Museum (1825–1827), à Londres; l'Alte Pinakothek (1826–1836), à Munich; et le nouvel Ermitage (1840–1849), à Saint-Pétersbourg. Au contraire des autres collections, celle du British Museum n'était pas d'origine royale mais appartenait à un financier de la Lloyd's, John-Julius Angerstein. La plupart des musées américains et canadiens formèrent leurs collections de la même manière.

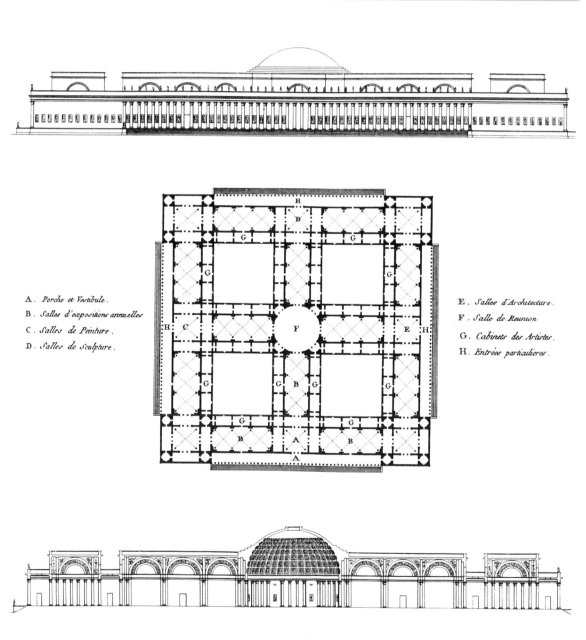

A . Porche et Vestibule.
B . Salles d'expositions annuelles
C . Salles de Peinture.
D . Salles de Sculpture.

E . Salles d'Architecture.
F . Salle de Reunion
G . Cabinets des Artistes.
H . Entrées particulieres.

Jean-Nicolas-Louis Durand, *Design for a Picture Gallery*, 1803. Elevation, plan, and section

Jean-Nicolas-Louis Durand, *Plan d'une pinacothèque*, 1803. Élévation, plan et coupe

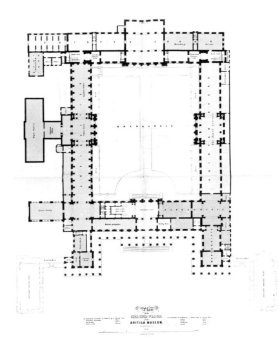

British Museum, London. Plan and perspective

British Museum, Londres. Plan et perspective

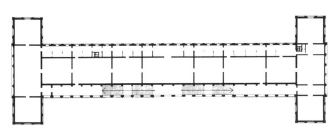

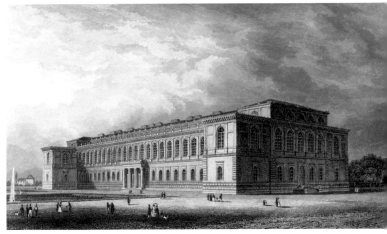

Alte Pinakothek, Munich. Plan and perspective

Alte Pinakothek, Munich. Plan et perspective

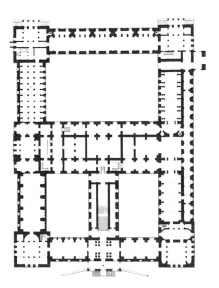

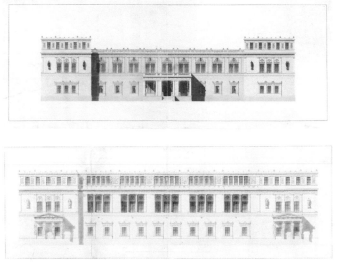

New Hermitage, St. Petersburg.
Plan and elevations

Le nouvel Ermitage, Saint-Pétersbourg.
Plan et élévations

By the mid-nineteenth century, museumgoing had become fashionable with the middle class, and there was a growing desire among architects and their clients to give the museum an identity appropriate to its emerging role as an important civic institution. The Altes Museum, for example, was built on the most prominent site in Berlin, across from the royal palace and facing the Lustgarten. It was a splendid building that the American historian Henry-Russell Hitchcock called "the masterpiece of the period." Its architect, Karl Friedrich Schinkel, set an immense colonnade across the building, linking the museum visually to the square in front of it and emphasizing its public character. The entrance, reached by a broad set of steps in the middle of the colonnade, was through an open loggia containing a double-winged stair

Vers le milieu du xixᵉ siècle, s'il était devenu normal, dans les couches moyennes de la société, de visiter les musées, les architectes et leurs clients, de leur côté, tenaient de plus en plus à donner au musée le caractère convenant à son rôle nouveau d'établissement civique majeur. Ils édifièrent l'Altes Museum à l'endroit le plus en vue de Berlin, face au palais royal et au Lustgarten. Ce bâtiment splendide fut, selon l'historien américain Henry-Russell Hitchcock, « le chef-d'œuvre de l'époque ». Son architecte, Karl Friedrich Schinkel, fit construire une immense colonnade sur toute la largeur de l'édifice pour l'intégrer à la grande place qui s'étendait devant lui, soulignant ainsi son caractère public. L'entrée, à laquelle on accédait par une volée de marches au centre de la colonnade, menait à une loggia ouverte qui comportait un escalier double conduisant à l'étage supérieur.

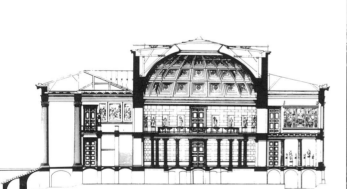

Altes Museum, Berlin. Section, interior, plan, and perspective

Altes Museum, Berlin. Coupe, vue intérieure, plan et perspective

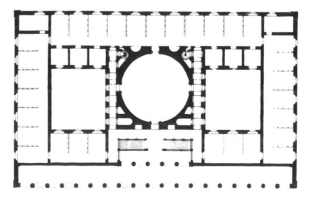

that led to the upper floor. (The grand stair, lifted directly from the royal palace, was a feature common to many early museums.) The plan was both elegant and logical. Long galleries were arranged on each side of the rectangular building, giving the visitor a clearly demarcated route.

The most prominent space in the Altes Museum was a large, two-story circular hall. This domed room – the heart of the museum – was a setting for Classical sculpture, but its main purpose was not display; rather, it was to convey to the visitor a sense of the transcendent. With its coffered ceiling and its colonnade, the hall was a clear reference to the Pantheon. Boullée's vision was now realized: the art palace had become an art temple.

D'ailleurs, le grand escalier, copié sur celui du palais, devait constituer une caractéristique commune à plusieurs des premiers musées. Le plan était à la fois élégant et logique, de longues galeries, disposées de chaque côté de l'édifice rectangulaire, traçait clairement la route au visiteur.

La partie la plus remarquable de l'Altes Museum était un vaste hall circulaire à deux niveaux. Cette salle à dôme, au cœur du musée, abritait la sculpture classique, mais son principal objet était autre : elle visait à hausser le visiteur jusqu'à la transcendance. Avec son plafond à caissons et sa colonnade, le hall rappelait manifestement le Panthéon. Comme Boullée l'avait souhaité, le palais de l'art se transformait en un temple de l'art.

Giovanni Paolo Pannini, *The Interior of the Pantheon*, c. 1740. National Gallery of Art, Washington, D.C., Samuel H. Kress Collection

Giovanni Paolo Pannini, *L'intérieur du Panthéon*, v. 1740. National Gallery of Art, Washington, D.C., collection Samuel H. Kress

PERSPECTIVE DES NEUEN MUSEUMS AM LUSTGARTEN ZU ERBAUEN. *coloriren und gezeichnet von Schinkel 1823.*

The picture galleries of the Altes Museum, like those in the converted palaces, were illuminated by windows. (Paintings were hung on screens set at right angles to the light to reduce glare.) It is not clear why Schinkel did not use skylights; he had made a tour a few years earlier of British galleries, where skylighting was popular. As early as 1787, the British architect John Soane had designed the first skylit picture gallery, for Fonthill House in Wiltshire. It was something of an accident: he was converting an existing windowless corridor space, and skylights were the only solution. The idea of using skylights for picture viewing caught on. Skylights have many advantages: they reduce glare, eliminate harmful direct sunlight, and free up the walls for hanging pictures. In 1811, Soane began work on a small picture gallery for Dulwich College that is now regarded as a precursor of the nineteenth-century public museum. This long, narrow building consisted of a series of connected rooms with octagonal vaults crowned by clerestories. There were no windows; the walls were uninterrupted. This became the standard solution for lighting galleries; Leo von Klenze used it in the Glyptothek (1816–30), which housed the royal sculpture collection in Munich. So did William Wilkins and, later, E.M. Barry in the National Gallery in London (1832–38, 1872–76).

Les galeries de peintures de l'Altes Museum, comme celles des palais réaménagés, étaient éclairées par des fenêtres. (Les peintures étaient accrochées à des écrans perpendiculaires à la direction de la lumière afin de réduire les reflets.) On ne sait pas exactement pourquoi Schinkel n'a pas utilisé le système d'éclairage zénithal, aux plafonds ajourés. Il avait pourtant fait, quelques années auparavant, une tournée des galeries britanniques où ce système était souvent utilisé. Déjà en 1787, l'architecte John Soane avait conçu la première galerie de peintures à éclairage zénithal pour la Fonthill House, dans le Wiltshire. Cela avait d'ailleurs été presque accidentel : il était à transformer un couloir aveugle quand s'imposa à lui une seule solution, l'utilisation de lanternes. L'idée de recourir à cette technique pour faciliter l'examen des tableaux se répandit, l'éclairage zénithal présentant de nombreux avantages : il réduit les reflets, supprime les effets nocifs de la lumière naturelle directe, et libère les murs. En 1811, Soane travailla à la construction d'une petite galerie de tableaux pour le Dulwich College, maintenant perçue comme le précurseur du musée public du xixe siècle. Long mais étroit, le bâtiment était composé de pièces en enfilade, aux voûtes octogonales couronnées de lanternons; il n'y avait aucune ouverture dans les murs. Ce système devait donc s'imposer pour l'éclairage des galeries : Leo von Klenze l'utilisa pour la Glyptothek (1816–1830), qui abrite la collection royale de sculpture à Munich, de même que William Wilkins et, plus tard, E.M. Barry pour la National Gallery (1832–1838, 1872–1876) à Londres.

F.G. Kitton, *Dulwich Gallery*, 1883

F.G. Kitton, *La Dulwich Gallery*, 1883

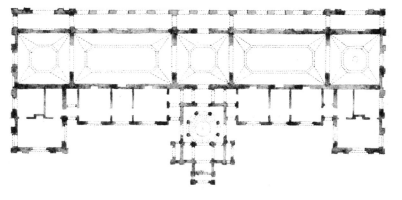

J.M. Gandy, *A View of Dulwich Picture Gallery*,
after a design by Sir John Soane

J.M. Gandy, *Vue de la Dulwich Picture Gallery*,
d'après un croquis de sir John Soane

Dulwich Picture Gallery, London.
Plan and interior view (c. 1914)

Dulwich Picture Gallery, Londres.
Plan et vue intérieure (v. 1914)

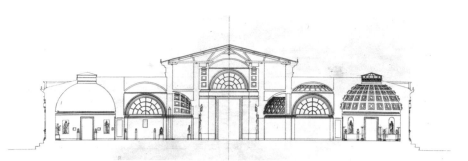

National Gallery, London. Exterior

National Gallery, Londres. Vue extérieure

Glyptothek, Munich. Section, exterior, and interior

Glyptothek, Munich. Coupe, vues extérieure et intérieure

National Gallery, London. Interior

National Gallery, Londres. Vue intérieure

Because of the need for natural overhead light, many of the first nineteenth-century museums – like the Dulwich Picture Gallery – were on one level. Eventually the typical solution became two floors: a ground floor with rooms for furniture, pottery, and textiles, and an upper floor, corresponding to the *piano nobile* (main floor) of the palace, with the skylit painting galleries.

The architecture of these first museums was usually Classical, a style that expressed their antiquarian function and provided a serene and noble setting for the experience of art. The Classical style was also adopted by Richard Morris Hunt for the facade of the Metropolitan Museum of Art in New York (1894), and, on a smaller scale, by Edward and William Maxwell in the Montreal

Le parti qui consistait à éclairer les galeries par une lumière naturelle diffusée par le haut fit en sorte que la majorité des premiers musées du XIXe siècle, comme la Dulwich Picture Gallery, n'avaient qu'un seul étage. Puis on en vint par la suite à l'édifice à étage avec, au rez-de-chaussée, des salles pour le mobilier, les poteries et les textiles; à l'étage, qui correspondait au *piano nobile* – l'étage noble du palais – se trouvaient les galeries de peintures à éclairage zénithal.

Ces premiers musées présentaient le plus souvent une architecture de style classique, tout empreint du goût ancien qui caractérisait leur première vocation. Elle offrait un cadre feutré et majestueux aux amateurs d'art. Richard Morris Hunt emprunta le même style pour la façade du Metropolitan Museum of Art (1894) de New York; à plus petite échelle, Edward et

Metropolitan Museum of Art, New York.
Exterior, 1902

Metropolitan Museum of Art, New York.
Vue extérieure, 1902

Montreal Museum of Fine Arts.
Exterior, 1913

Musée des beaux-arts de Montréal.
Vue extérieure, 1913

Museum of Fine Arts (1910–12). One of the latest examples of the Classical museum is the National Gallery of Art in Washington, D.C. (1937–41), designed by John Russell Pope. A large entrance portico (a feature common to both the Metropolitan Museum and the Montreal Museum of Fine Arts) leads to a magnificent rotunda, thirty metres in diameter. In addition to the traditional toplit galleries, Pope designed monumental circulation spaces (this was a larger building than the Altes Museum) and glazed interior garden courts.

William Maxwell puisèrent à la même source pour construire le Musée des beaux-arts de Montréal (1910–1912). La National Gallery of Art (1937–1941), à Washington, D.C., représente l'un des derniers exemples du musée classique. Œuvre de l'architecte John Russell Pope, son vaste portique, que l'on retrouve également au Metropolitan et au Musée des beaux-arts de Montréal, conduit à une magnifique rotonde de trente mètres de diamètre. Outre les galeries traditionnelles à éclairage zénithal, Pope a conçu des aires de circulation monumentales – l'édifice est plus vaste que l'Altes Museum – et des jardins intérieurs dont le plafond est formé de verrières.

National Gallery of Art, Washington, D.C.
Exterior, plan, and interiors

National Gallery of Art, Washington, D.C.
Vue extérieure, plan et vues intérieures

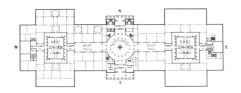

The next phase in the evolution of the art museum began in the 1930s, with the advent of modernism. Modernist architects generally disliked traditional solutions, so it was not surprising that their ideas for displaying art broke the patterns that had been established in a century and a half of museum design. In New York's Museum of Modern Art, for example, designed by Philip L. Goodwin and Edward Durell Stone (1937–39), the emphasis was on flexibility; there were no individual galleries at all. Instead, movable walls let the curators rearrange the spaces as needed. A straightforward entrance lobby replaced the grand rotunda. All this was a radical departure from the nineteenth-century idea of a museum; MOMA was more like a high-rise office building, which it resembled.

In 1942, Mies van der Rohe produced a design he called "A Museum for a Small City." It was a long, low building with a grid of columns supporting the roof, and glass walls enclosing an open, flexible space. Twenty years later, in the Berlin National Gallery, Mies realized a similar concept on a large scale. This extraordinary building is a glass-walled hall (fifty metres square) covered by a massive roof that is supported by only eight peripheral columns. The space is entirely open and is intended for temporary exhibits; the permanent collection, offices, and other functions are housed in the podium below.

L'évolution du musée d'art fut marquée, dans les années 1930, par l'avènement du modernisme. Les architectes de cette tendance refusant, d'une manière générale, les partis traditionnels, il n'est pas surprenant que leur conception d'un espace destiné à l'exposition d'œuvres d'art se démarque de ce qui avait été fait au cours des cent cinquante années précédentes. Le Museum of Modern Art (MOMA) de New York, que Philip L. Goodwin et Edward Durell Stone créèrent (1937–1939), recherche avant tout la souplesse d'utilisation de l'espace. Toutes les galeries individuelles font place à des cloisons mobiles que les conservateurs aménagent selon leurs besoins. Un foyer aux lignes très simples succède à l'imposante rotonde, mettant ainsi fin au plan adopté au XIXe siècle. Le MOMA ressemblait ainsi davantage à une tour de bureaux, ne serait-ce que par son aspect extérieur.

En 1942, Mies van der Rohe conçut ce qu'il appelait « un musée pour une petite ville ». Le bâtiment, long et bas, avait un toit soutenu par un réseau de colonnes; ses murs, en verre, enfermaient un espace continu, à aménagement souple. Vingt ans plus tard à Berlin, l'architecte réalisa un projet inspiré de cette même idée : la Nationalgalerie est un extraordinaire édifice, dont la salle (de 50 mètres carrés), composée de murs en verre, est coiffée d'un toit massif que seules soutiennent huit colonnes périphériques. L'espace, entièrement dégagé, est réservé aux expositions temporaires; la collection permanente, les bureaux et les autres services sont logés sous la grande salle.

Museum of Modern Art, New York.
Exterior and installation view of the exhibition
Art in Our Time, 1939

Museum of Modern Art, New York.
Vue extérieure et vue de l'exposition
Art in Our Time, 1939

Mies van der Rohe, *Museum for a Small City, Project*, 1942, collage on illustration board, 76.1 x 101.5 cm (sheet). Interior perspective. Mies van der Rohe Archive, Museum of Modern Art, New York, Gift of the Architect

Mies van der Rohe, *Musée pour une petite ville. Projet*, 1942, collage sur carton, 76,1 x 101,5 cm (feuille). Perspective intérieure. Archives Mies van der Rohe, Museum of Modern Art, New York, don de l'architecte

National Gallery, Berlin.
Exterior and interior

Nationalgalerie, Berlin.
Vues extérieure et intérieure

Flexible gallery planning also intrigued the French architect Le Corbusier, who built two art museums, one in Ahmedabad, India (1954–57), the other in Tokyo (1957–59); both designs were versions of an idea he had first proposed in 1930. The plans are similar: a square doughnut with an open space in the centre, surrounded by exhibition spaces with movable walls. Le Corbusier kept the tradition of a *piano nobile*, although, characteristically, he raised the main floor into the air and supported it on freestanding columns.

In the Tokyo museum, Le Corbusier experimented with unusual ways of introducing daylight into the galleries. A concern with natural light was a feature of many modernist museums. Beginning in 1936, the Finnish architect Alvar Aalto

L'idée de galerie polyvalente passionna l'architecte français Le Corbusier. Les deux musées d'art qu'il construisit, à Ahmedabad en Inde (1954–1957), et à Tokyo (1957–1959), ont un plan similaire et constituent deux interprétations d'une même idée présentée pour la première fois en 1930 : des aires d'exposition aux murs mobiles entourent un carré dont le centre est complètement dégagé. Bien qu'il demeure fidèle à la tradition du *piano nobile*, l'architecte innove en surélevant l'étage principal qu'il appuie sur des colonnes autoportantes.

Au musée de Tokyo, l'architecte se livre à des expériences originales pour que la lumière naturelle pénètre dans les galeries; cette idée caractérisait d'ailleurs de nombreux musées modernistes. À partir de 1936, l'architecte finnois Alvar Aalto construit

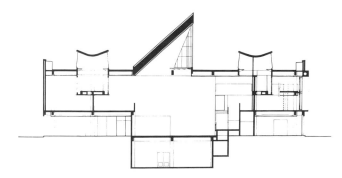

National Museum of Western Art, Tokyo.
Exterior, section, and interior

Musée national d'art occidental, Tokyo.
Vue extérieure, coupe et vue intérieure

built a number of museums that incorporated ingeniously contrived skylights. In his museum in Aalborg, Denmark (designed in 1958), the skylights let in only reflected, diffused light. In an unbuilt design for an art gallery in Shiraz, Iran, the roof over the exhibition spaces was to be glazed, and a system of slats and reflectors below counteracted direct sunlight. A similar idea was implemented by Renzo Piano in his elegant design for the Menil Collection in Houston (1981–87), where a "ceiling" of delicately curved concrete shells is suspended beneath a glass roof and reflects light into the exhibition spaces below.

quelques musées comportant un ingénieux système d'éclairage zénithal. Dans celui d'Aalborg, au Danemark, conçu en 1958, les plafonds ne laissent pénétrer qu'une lumière réfléchie et diffuse. Dans un projet de galerie d'art à Shiraz, en Iran, qui ne vit cependant jamais le jour, le toit recouvrant les aires d'exposition était vitré; un système de volets et de réflecteurs, installé juste au-dessous, contrôlait la lumière directe. Renzo Piano se fonde sur le même principe pour le bâtiment fort élégant de la Menil Collection (1981–1987), à Houston, où un « plafond » à caissons de béton, aux courbes délicates, suspendu sous un toit de verre, réfléchit la lumière vers les aires d'exposition au-dessous.

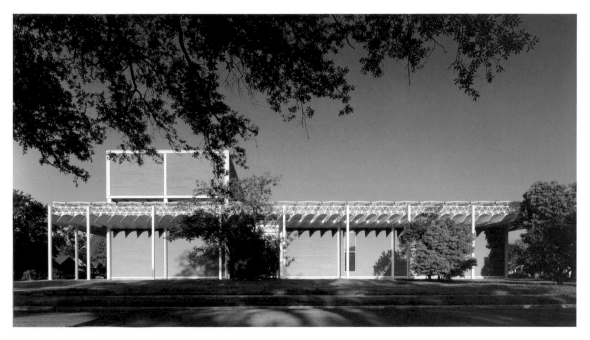

Menil Collection, Houston. Exterior and interior

Menil Collection, Houston. Vues extérieure et intérieure

Nordjyllands Kunstmuseum, Aalborg. Exterior and section

Nordjyllands Kunstmuseum, Aalborg. Vue extérieure et coupe

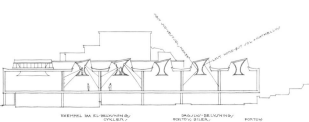

Another museum in which natural light plays a central role is the Kimbell Art Museum in Fort Worth, Texas (1967–72), generally considered to be one of Louis Kahn's masterworks. The concept is simple. The roof of the low building is a series of parallel, identical, six-metre-wide concrete vaults; light enters through a skylight at the top of the vault and is reflected onto the concave ceiling by an aluminum diffuser, producing a silvery glow. The solution recalls Klenze's vaulted galleries in the Alte Pinakothek, although the interior of the Kimbell is darker and relies on supplementary electric spotlights. As in the Alte Pinakothek, there are no external windows, although the vaulted area is interrupted by three interior garden courts. Unlike Klenze, Kahn left the gallery spaces open, divided only by low, movable partitions.

Le Kimbell Art Museum (1967–1972), à Fort Worth au Texas, est considéré comme l'un des chefs-d'œuvre de Louis Kahn. Comme en d'autres musées, la lumière naturelle y joue un rôle essentiel. Le concept est simple. Le toit du bâtiment inférieur est constitué d'une série de voûtes de béton parallèles et identiques de six mètres de large. La lumière, qui pénètre par le sommet de la voûte, est réfléchie vers le plafond concave par un diffuseur d'aluminium, créant ainsi un éclairage argenté. Ce parti rappelle celui adopté pour les galeries voûtées de Klenze à l'Alte Pinakothek, bien que l'intérieur du Kimbell soit plus sombre et fasse appel à des projecteurs supplémentaires. Comme à l'Alte Pinakothek, il n'y a pas de fenêtres extérieures, mais les voûtes sont ponctuées par trois jardins intérieurs. À la différence de Klenze, Kahn s'est contenté de séparer les galeries par des cloisons basses et mobiles.

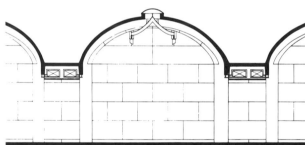

The Kimbell Art Museum and the Menil Collection, which represent the acme of the modernist museum, differ from the nineteenth-century models in more than architectural style; they eschew monumentalism both inside and out. Neither building has a central hall or a grand entrance lobby, for what is at the heart of these buildings is not a commemoration of culture but the visitor's experience of the art. These are neither palaces nor temples but exquisitely crafted containers – air-conditioned picture cabinets in which one is led directly to the art, without fuss and without fanfare.

Le Kimbell Art Museum et la Menil Collection, deux sommets de l'architecture muséologique moderniste, se séparent du modèle hérité du XIXe siècle non seulement par leur parti architectural, mais aussi par d'autres caractéristiques. Rejetant le monumentalisme à l'intérieur comme à l'extérieur, les deux édifices n'ont ni hall central ni foyer somptueux à l'entrée, car leur fonction essentielle n'est pas de commémorer la culture mais de permettre aux visiteurs de vivre une expérience artistique. Ni palais ni temples, mais coffrets exquisement conçus, ils sont des cabinets de peintures climatisés dans lesquels les visiteurs sont amenés directement à l'œuvre d'art, sans tambour ni trompette.

Kimbell Art Museum, Fort Worth.
Section, exteriors, and interiors

Kimbell Art Muscum, Fort Worth.
Coupe, vues extérieures et intérieures

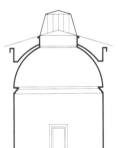

Alte Pinakothek, Munich. Section

Alte Pinakothek, Munich. Coupe

Both the Kimbell and the Menil Collection have received accolades from architectural critics and from curators. But they haven't become the model for other contemporary museums. Why not? The answer is that these museums are unusual in several respects: they are relatively small, as museums go; they house private collections; and they are privately endowed. Being small, they do not have to accommodate crowds. They don't put on blockbuster art shows, and while they do have ancillary facilities, these are relatively modest in scale. Although these museums are accessible to the public they are not really civic buildings or civic symbols. And their financial independence allows them to be low-key in the display of their art; they don't rely on admissions for their survival.

Le Kimbell et la Menil Collection ont tous deux reçu les louanges des critiques d'architecture et des conservateurs d'art. Si de tels édifices n'ont cependant pas influencé l'architecture muséologique contemporaine, c'est qu'ils sortent de l'ordinaire à plusieurs égards : relativement petits bien qu'il s'agisse de musées, ils abritent des collections particulières et sont financés par des fonds privés. De dimensions restreintes, ils ne cherchent pas à accueillir des foules importantes et n'organisent pas d'expositions de grande envergure; quoiqu'ils disposent de services connexes, ceux-ci sont de taille relativement modeste. S'ils sont accessibles au public, ils ne sont pas vraiment des édifices ou des symboles civiques. D'autre part, leur indépendance financière leur évite de devoir déployer des efforts spéciaux pour exposer les œuvres de leurs collections. Enfin, ils n'ont pas besoin, pour survivre, de percevoir de droits d'entrée.

Most contemporary public art museums have been obliged to take a different architectural approach, one in which the building, not just the collection, must attract the public. A graphic example is the Neue Staatsgalerie (1977–83) designed by the British architects James Stirling and Michael Wilford as an extension to an existing museum in Stuttgart. The architectural critic Reyner Banham once described the Menil Collection, which has a distinctly unprepossessing exterior, as "an upscale UPS depot." In contrast, the Neue Staatsgalerie is an eye-catching collage of unusual forms and bright colours: hot-pink balustrades, high-tech awnings, and sloping glass walls. All this has made the museum, once ranked fifty-second in West Germany in terms of the number of visitors, the second most popular in the country.

La plupart des musées d'art publics contemporains sont contraints d'adopter un parti différent. Leur bâtiment, et non plus seulement la collection, doit aussi attirer le public. La Neue Staatsgalerie (1977–1983) sert ici d'exemple. Conçue par les architectes britanniques James Stirling et Michael Wilford, elle est une aile prolongeant un musée existant de Stuttgart. Le critique d'architecture Reyner Banham a déjà écrit que l'extérieur du bâtiment de la Menil Collection ressemble à « un entrepôt haut de gamme du UPS » et n'a absolument rien d'engageant. En revanche, la Neue Staatsgalerie est un assemblage attrayant de formes originales et de couleurs vives : balustrades rose vif, vélums dernier cri et murs de verre rampants. Tout cela a contribué à faire passer cet établissement, pour le nombre de visiteurs, du cinquante-deuxième au deuxième rang des musées allemands.

Neue Staatsgalerie, Stuttgart

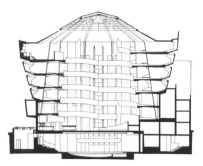

The most recent phase in the evolution of the art museum was anticipated by New York's Solomon R. Guggenheim Museum (1943–58). Frank Lloyd Wright adopted a characteristically original approach and produced a museum unlike any other. It was as if he had taken Schinkel's Altes Museum and stripped away the galleries, leaving only the great rotunda. The focus of the Guggenheim is the dramatic space in the middle, which is surrounded by a spiralling ramp that carries visitors from top to bottom and affords ever-changing views of the interior. Instead of isolating the galleries from the rotunda, Wright placed them in a series of niches directly off the ramp.

Le musée Solomon R. Guggenheim, à New York (1943–1958), laissait présager l'étape la plus récente dans l'évolution du musée d'art. Frank Lloyd Wright, adopta une démarche tout à fait originale en créant ce musée qui ne ressemblait à aucun autre. On pourrait croire qu'il a emprunté l'Altes Museum de Schinkel pour le dépouiller de toutes ses galeries et ne garder que la grande rotonde. Le Guggenheim retient l'attention du visiteur par l'espace grandiose aménagé en son centre et qu'entoure une rampe en spirale que suivent les visiteurs, présentant à ceux-ci une perspective constamment changeante de l'intérieur. Au lieu d'isoler les galeries de la rotonde, Wright les a placées dans une série de niches débouchant directement sur la rampe.

Solomon R. Guggenheim Museum, New York.
Section, interiors and exterior

Solomon R. Guggenheim Museum, New York.
Coupe, vues intérieures et vue extérieure

National Gallery of Art, Washington, D.C.
Overview and interior of East Building

National Gallery of Art, Washington, D.C.
Vue d'ensemble et vue intérieure de
l'édifice de l'est

A similar concept guided I.M. Pei in his design for the East Building of the National Gallery of Art in Washington, D.C. (1976–78). Here the central space, crowned by an impressive glass roof made up of geometric skylights, is triangular (a result of the shape of the building site), and the ramps are replaced by crisscrossing bridges and soaring escalators. The High Museum in Atlanta (1980–83), designed by Richard Meier & Partners, is also built around a tall dramatic space; its curved ramps and overlooking galleries consciously recall the Guggenheim.

Ce sont les mêmes principes qui ont guidé I.M. Pei lorsqu'il a conçu l'aile est de la National Gallery of Art (1976–1978) à Washington, D.C. L'aire centrale, couronnée par un immense toit vitré constitué de lanterneaux aux formes géométriques, est de forme triangulaire (pour respecter les limites du terrain); les rampes sont remplacées par des passerelles entre-croisées et des escaliers mécaniques qui s'élèvent vers les hauteurs. Le High Museum (1980–1983) d'Atlanta, par Richard Meier et ses associés, est aussi construit autour d'un puits central impressionnant; les rampes ondulées et les galeries qui le dominent rappellent, sans s'y tromper, le Guggenheim.

High Museum of Art, Atlanta.
Interiors and exterior

High Museum of Art, Atlanta.
Vues intérieures et vue extérieure

The art critic Robert Hughes has characterized the Guggenheim as one of the most hostile environments imaginable for showing contemporary paintings. This is mainly the result of the low ceiling height, the sloping floor of the ramp, and the poor quality of the light. The High Museum and the East Building have avoided these pitfalls, but they both share a less obvious drawback. Since the galleries are relegated to the periphery, they are often uncongenial, badly lit, and awkwardly proportioned. The art, which should be at the centre of the museum experience, is here pushed into leftover spaces in the background.

The glass-roofed central spaces of the East Building and the High Museum have been compared to the central rotundas of Schinkel and Pope, but what they really recall are the atriums that have become a common feature of many recent hotels, office buildings, and shopping malls. This attribute troubles some critics, who feel that a flashy, commercial atmosphere is inappropriate for a civic institution. On the other hand, these buildings are undeniably popular with the public (the East Building is the most visited site in Washington), and the shopping mall may not be a bad model for museums forced to attract a broader public. The problem is not so much that the contemporary museum has become a commercial enterprise but rather how this functional constraint is to be incorporated into a symbolic whole without jeopardizing its civic identity.

If the museum is not to be a popular mall, or a beautiful container, or a solemn temple, or even less a grand palace, then what? The answer that Moshe Safdie presents us with in the National Gallery of Canada is that perhaps it should be a bit of each.

Selon le critique d'art Robert Hughes, le Guggenheim constitue l'un des cadres les plus hostiles qu'on puisse imaginer pour exposer des peintures contemporaines. Cela est surtout dû à la faible hauteur des plafonds, à l'inclinaison du sol de la rampe et à la mauvaise qualité de la lumière. Si le High Museum et l'aile est de la National Gallery of Art ont évité ces embûches, ils n'en trahissent pas moins un défaut moins évident, puisque leurs galeries, reléguées à la périphérie, sont, pour la plupart, peu accueillantes, mal éclairées et mal proportionnées. L'art, qui devrait occuper le centre de l'expérience muséologique, est donc repoussé à l'arrière-plan, dans les derniers espaces encore disponibles.

On a comparé les aires centrales aux plafonds vitrés du High Museum et de l'aile est de la National Gallery of Art aux rotondes centrales de Schinkel et de Pope. En fait, elles rappellent plutôt les atriums qui ornent tant d'hôtels, de bâtiments administratifs et de centres commerciaux construits récemment, ce qui n'est pas sans inquiéter certains critiques qui estiment qu'une atmosphère commerciale un peu clinquante ne convient pas à un établissement civique. Pourtant, le public aime ces édifices; l'aile est de la National Gallery of Art est le lieu le plus visité de Washington. Et puis, le centre commercial est-il, après tout, un si mauvais modèle pour des musées qui se doivent d'attirer un plus large public ? Le problème ne tient pas tant au fait que le musée contemporain soit devenu une entreprise commerciale mais, plutôt, à la manière dont on doit user de cette contrainte dans un édifice à caractère symbolique, sans en compromettre le caractère civique.

Ni un centre commercial populaire, ni un écrin finement ciselé, ni un temple solennel, moins encore un grand palais, que peut bien être le musée ? Moshe Safdie, le créateur du Musée des beaux-arts du Canada, a cru qu'il devait emprunter à chacune de ces sources.

THE NATIONAL GALLERY OF CANADA

LE MUSÉE DES BEAUX-ARTS DU CANADA

Although the National Gallery of Canada was established in 1880, for its first two years it had no facilities to publicly exhibit art. Eventually it found a home, or, rather, homes, for over the next hundred years it was shunted from one place to another, occupying four different premises. Like the first makeshift European museums, none of these buildings were intended for displaying art. But Ottawa was not a city with vacant royal palaces, and so at various times the National Gallery was forced to share space with the Supreme Court, with the Fisheries Exhibit, and with the Geological Survey. At the same time, beginning in

Le Musée des beaux-arts du Canada fut créé en 1880 (et portait alors le nom de Galerie nationale du Canada). Pendant les deux premières années de son existence, il n'eut aucune salle d'exposition et, dans le siècle qui suivit, déménagea quatre fois. Mais pas plus que dans les premiers musées européens aménagés dans des bâtiments disponibles, ces lieux pour l'art n'étaient destinés à présenter des œuvres : Ottawa n'avait pas de palais royaux inoccupés ! Le Musée partagea, à divers moments, les locaux de la Cour suprême, du ministère des Pêches et de la Commission géologique du Canada. À compter de 1913, on commanda à divers architectes des plans pour la construction d'un

Old Supreme Court Building, off Parliament Hill, Ottawa. The National Gallery of Canada's first home, 1882–88

Ancien immeuble de la Cour suprême, près de la Colline parlementaire, Ottawa. Premier emplacement du Musée des beaux-arts du Canada, 1882–1888

Victoria Hall, corner of Queen and O'Connor Streets, Ottawa. The National Gallery of Canada's second home (above the Government Fisheries Exhibit), 1888–1910. Exterior and interior

Victoria Hall, à l'angle des rues Queen et O'Connor, Ottawa. Deuxième emplacement du Musée des beaux-arts du Canada (au-dessus du ministère des Pêches), 1888–1910. Vues extérieure et intérieure

1913, architects were commissioned to make plans for a new building; Frank Darling had a go in 1917–18, Naulon Cauchon and J.M. Kitchen in 1928, Percy Nobbs in the early 1930s, and Mathers & Haldenby in 1936. Each design in turn was set aside. There was no commitment on the part of the politicians, nor was there agreement on what was the best architectural style (Classical or Gothic), or even what was the best site. In 1937, a French planner, Jacques Gréber, suggested that the ideal site for the Gallery would be downtown on Cartier Square, and after the Second World War, Gréber prepared a master plan for the capital that consolidated that location.

In 1952, the government announced that there would be a national architectural competition for

nouvel édifice : Frank Darling en dressa en 1917–1918, Naulon Cauchon et J.M. Kitchen en 1928, Percy Nobbs au début des années 1930, Mathers et Haldenby en 1936. Mais tous furent tour à tour mis de côté; aucune volonté politique ne se manifestait et ni le style (classique ou gothique), ni l'emplacement ne faisaient l'unanimité. En 1937, un urbaniste français, Jacques Gréber, suggéra qu'on érige le nouveau Musée sur la Place Cartier au centre-ville, emplacement que Gréber retiendrait d'ailleurs dans le plan d'ensemble de la capitale qu'il exécuta après la Deuxième Guerre mondiale.

En 1952, le gouvernement annonça qu'il y aurait un concours national d'architecture pour la construction d'un nouveau musée des beaux-arts, il fallut un certain temps pour que le jury parvienne à se décider, non seulement parce que cent quatre candidatures furent

Victoria Memorial Museum, Ottawa.
The National Gallery of Canada's third home,
1912–59

Édifice commémoratif Victoria, Ottawa.
Troisième emplacement du Musée des
beaux-arts du Canada, 1912–1959

Nobbs and Hyde, *Proposed National Gallery*,
Green Island, Ottawa, 1930

Nobbs et Hyde, *Immeuble projetté pour le
Musée des beaux-arts*, Île verte, Ottawa, 1930

a new National Gallery. It took some time for the jury to reach a final decision, not only because there were 104 entries but also because partway through the competition the site was changed to a less central location near the Rideau Falls (the present location of the Pearson Building). It was a beautiful setting for a lacklustre design. The winning scheme (by Green, Blankstein, Russell & Associates of Winnipeg) – a Miesian glass box – was probably a reflection of the influence of Eero Saarinen, who was on the jury (together with Alfred Barr, Jr., John Bland, and Eric Arthur) and who was then in his steel-and-glass phase. This project was never built; the government decided to go back to Cartier Square, or rather to a nearby site on Elgin Street, since Cartier Square was occupied by wartime buildings

soumises, mais aussi parce que la Place Cartier fut abandonnée au profit d'un emplacement plus excentrique, près des chutes Rideau (là où se trouve désormais l'édifice Lester B. Pearson). C'était un superbe emplacement pour un projet sans grande originalité : la candidature retenue, présentée par Green, Blankstein, Russell & Associates, de Winnipeg – une boîte de verre à la Mies van der Rohe –, était peut-être marquée par l'influence d'Eero Saarinen, membre du jury (avec Alfred Barr Jr., John Bland et Eric Arthur) et alors dans sa période verre-et-acier. Ce projet ne vit jamais le jour, le gouvernement ayant décidé de revenir à la Place Cartier, ou plus exactement, à un emplacement voisin, sur la rue Elgin. La place était déjà occupée et le ministère de la Défense refusait de quitter, avant dix autres années, ses bâtiments du temps de guerre.

Mathers & Haldenby, *Proposed King George Memorial Museum of Fine Arts*, Confederation Square, Ottawa, 1936

Mathers et Haldenby, *Projet pour le Musée des beaux-arts commémoratif du roi George*, place de la Confédération, Ottawa, 1936

Lorne Building, Ottawa. The National Gallery of Canada's fourth home, 1960–88

Édifice Lorne, Ottawa. Quatrième emplacement du Musée des beaux-arts du Canada, 1960–1988

Green, Blankstein, Russell & Associates, Winnipeg, *Winning Scheme, National Gallery of Canada Competition*, 1952

Green, Blankstein, Russell et associés, Winnipeg, *Projet ayant remporté le concours en vue de la construction du Musée des beaux-arts du Canada*, 1952

of the Department of Defence, which refused to vacate for another decade.

The new Lorne Building, named after the governor general who had founded the National Gallery, was conceived of in the spirit of compromise that has dogged so many Canadian national ventures. Opened in 1960, it was intended as a temporary home for the museum until a permanent site became available, and if it looked like a bland office building, well, that was unavoidable – it was designed to be converted to offices once the museum moved out. Fifteen years later the Lorne Building was renovated, not because the museum was leaving – it was still there – but because its exterior walls were falling apart thanks to the high humidity levels required in the picture galleries.

Le nouvel édifice Lorne, ainsi nommé en l'honneur du gouverneur général qui avait fondé le Musée des beaux-arts, fut le fruit d'un compromis, comme tant d'autres projets au Canada. Ouvert au public en 1960 et destiné à abriter le Musée jusqu'à ce que le site choisi soit libéré, il ressemblait à un immeuble administratif sans aucun cachet; il avait d'ailleurs été conçu pour être transformé en bureaux une fois que le Musée aurait quitté les lieux. L'édifice Lorne fut rénové quinze ans plus tard, non pour cause de déménagement, mais parce que ses murs extérieurs se délabraient à cause du degré élevé d'humidité des galeries de peintures.

En 1976, la directrice du Musée, Jean Sutherland Boggs, réussit à convaincre le gouvernement Trudeau d'organiser un autre concours en vue d'ériger un nouveau musée entre la Cour suprême et l'édifice abritant

Parkin Associates, Toronto, *Proposed Architectural Concept, New National Gallery of Canada Competition*, 1977

Parkin Associates, Toronto, *Concept architectural proposé pour le nouveau concours en vue de la construction du Musée des beaux-arts du Canada*, 1977

Moshe Safdie, Musée de la civilisation, Quebec City (1981–87)

Moshe Safdie, Musée de la civilisation, Québec (1981–1987)

In 1976 the National Gallery's director, Jean Sutherland Boggs, convinced the Trudeau government to sponsor another competition on a new site: between the Supreme Court and the National Library and Archives. This time, several hundred architects were invited to submit applications, and ten were chosen to actually enter designs. The following year a winner – John C. Parkin – was announced. But that project, too, was shelved. It seemed the National Gallery would never have a proper home.

This checkered history is a reminder that buildings may be designed by architects but they are built by clients. In the case of a public building, there must be a political impetus to drive the project to completion. For the National Gallery the impetus was finally provided by Pierre Elliott Trudeau, who had developed a personal interest in it. In 1982 his government announced the formation of a Crown corporation to oversee the construction of both a new National Gallery and a new National Museum of Man (today the Canadian Museum of Civilization). The government took three unusual steps in forming the Canada Museums Construction Corporation: it made an initial budgetary commitment of $185 million for both buildings combined, it set a firm and short deadline of five years, and rather than put a bureaucrat in charge it recalled Jean Boggs (who was by then the director of the Philadelphia Museum of Art) to be chairman and chief executive officer.

Boggs requested – and was given – a great deal of autonomy to recommend a site and an architect. The former decision was relatively straightforward – the National Capital Commission had already provided five alternatives. Picking an architect was more difficult. With her staff, Boggs visited and interviewed more than seventy-nine architectural firms, finally recommending Moshe Safdie to the government. (Douglas Cardinal was recommended as architect for the new Museum of Man.) Early in 1983, Safdie was appointed the design architect, in collaboration with Parkin. It was a controversial choice: the Gallery was only Safdie's second major commission in Canada since Habitat, his celebrated Expo 67 housing experiment; he had never

la Bibliothèque et les Archives nationales du Canada. Cette fois, la candidature de plusieurs centaines d'architectes fut sollicitée et dix furent retenus et invités à présenter des plans. John C. Parkin fut proclamé lauréat l'année suivante, mais le projet était du même coup renvoyé aux calendes grecques. De toute évidence, le Musée des beaux-arts du Canada ne pouvait réussir à trouver un lieu digne de lui.

Cette histoire mouvementée nous rappelle que, si les architectes conçoivent des édifices, ce sont leurs clients qui les construisent. S'agit-il de construire un immeuble public ? Il faut une impulsion politique pour mener à bien le projet. Dans le cas du Musée des beaux-arts du Canada, cette impulsion devait être donnée par Pierre Elliot Trudeau qui s'était intéressé d'une manière particulière au Musée. En 1982, son gouvernement annonça la constitution d'une société d'État chargée de superviser la construction d'un nouveau Musée des beaux-arts du Canada et d'un Musée canadien des civilisations (autrefois le Musée national de l'Homme). En créant la Société de construction des musées du Canada, le gouvernement prenait trois mesures inhabituelles : il engageait une somme globale de 185 millions de dollars pour la construction des deux édifices; il fixait une échéance, aussi ferme que courte, de cinq ans; et plutôt que de placer un bureaucrate à la tête du projet, il rappela Jean Sutherland Boggs, directrice du Philadelphia Museum of Art, à qui il offrit le poste de présidente et directrice générale.

À sa demande, Boggs obtint une large autonomie en ce qui concernait le choix d'un emplacement et d'un architecte. La première décision était relativement simple, la Commission de la Capitale nationale ayant déjà proposé cinq emplacements. Le choix de l'architecte s'avéra plus difficile. Boggs et ses collaborateurs rendirent visite à plus de soixante-dix-neuf cabinets d'architecture avant de recommander finalement Moshe Safdie au gouvernement. (Douglas Cardinal fut l'architecte recommandé pour le Musée canadien des civilisations.) Au début de 1983, Safdie fut nommé architecte concepteur; il avait Parkin comme collaborateur. Le choix ne fut pas sans soulever une certaine controverse : il ne s'agissait que du deuxième grand projet de Safdie au Canada depuis l'ensemble d'habitations expérimental, Habitat, qu'il avait construit à l'occasion de l'exposition internationale de 1967; Safdie ne s'était jamais attaqué à un musée d'art

Nepean Point, before construction

La pointe Nepean, avant le début de la construction

The National Gallery of Canada, Notre-Dame
Basilica, and Parliament Hill, view from the
Ottawa River

Vue depuis la rivière des Outaouais du Musée
des beaux-arts du Canada, de la Basilique
Notre-Dame et de la Colline parlementaire

built an art museum (in fact, he had originally entered the competition for the National Museum of Man, not the National Gallery); and he had not even been short-listed in the 1976 competition. Almost immediately, Safdie, accompanied by Boggs and Gallery staff, visited museums in the United States and Europe, including not only contemporary buildings such as the Kimbell and the High Museum, but also the older galleries of London, Munich, and Washington. Ten months later the schematic design was unveiled and approved, and construction was started. (The site, adjacent to Nepean Point, turned out to be the one that had first been allocated to the Gallery in 1913.) On 21 May 1988, the new home of the National Gallery of Canada opened its doors to the public.

(de fait, il avait d'abord prévu participer au concours en vue de la conception du Musée canadien des civilisations et non du Musée des beaux-arts); de plus, Safdie ne figurait même pas parmi les dix finalistes du concours de 1976. Aussitôt, Safdie, Boggs et des représentants du Musée entreprirent une tournée des établissements muséologiques d'Europe et des États-Unis. Les uns étaient contemporains, comme le Kimbell et le High Museum, les autres, anciens, comme ceux de Londres, de Munich et de Washington. Dix mois plus tard, le schéma d'étude était présenté et approuvé et les travaux démarraient. (L'emplacement choisi, voisin de la pointe Nepean, était celui que l'on avait originellement désigné pour le Musée en 1913.) Le 21 mai 1988, la nouvelle demeure du Musée des beaux-arts du Canada ouvrait ses portes au public.

Aerial view, 1989

Vue aérienne, 1989

Aerial view, 1989

Vue aérienne, 1989

Building in progress, 1985

Le Musée en construction, 1985

In designing the National Gallery, Moshe Safdie had to juggle the many contradictions of the modern museum, compounded by the fact that this one housed a national collection, which meant that its function as a civic monument was critical. It was also to be much larger than most modern museums, with a total area of more than 53,000 square metres. Five times bigger than the Kimbell Art Museum and a third again as large as Washington's East Building, the National Gallery had to accommodate many public amenities. These included a library, a 400-seat auditorium, lecture and seminar rooms, a bookstore, a children's store, and three restaurants. Safdie chose to separate the museum's various functions, especially the social functions – the entrance lobby, the ceremonial gala space, the public corridors – from the exhibition spaces. This was a crucial decision, for it allowed him to create two quite different environments, specifically called for by the building program: the grander public spaces and the private intimate rooms with the pictures.

The customary solution would have been to locate the public spaces at the heart of the building and surround them with the galleries; that is how museums have been designed since Schinkel's time. This makes for an architectural problem, however. Windowless skylit galleries produce buildings with blank exterior walls. Classicists like Pope overcame this forbidding effect by providing the facades with false windows and ornamental surface treatment. Modernist architects tended to eschew these devices, with the result that museums such as Le Corbusier's in Tokyo and Ahmedabad, or Wright's Guggenheim, resemble blank-faced warehouses or bunkers. Even Louis Kahn's museums in Fort Worth and at Yale do not contend successfully with the problems of a windowless facade.

Safdie fut contraint de composer avec les nombreuses contradictions du musée moderne. Qui plus est, comme celui-ci devait abriter une collection nationale, sa fonction de monument civique revêtait une importance cruciale. Plus vaste que la plupart des musées modernes, il devait couvrir une superficie totale de plus de 53 000 mètres carrés. Cinq fois plus grand que le Kimbell Art Museum et un tiers plus grand que l'aile est de la National Gallery of Art de Washington, le Musée des beaux-arts du Canada devait comporter de nombreux aménagements publics : bibliothèque, auditorium de 400 places, salles de conférences et de séminaires, librairie, boutique pour enfants et trois restaurants. Safdie décida de séparer les aires du Musée, en particulier celles qui ont un caractère social – foyer, aire réservée aux grandes réceptions, couloirs publics – de celles qui sont réservées aux expositions. La décision était majeure puisqu'elle permettait de créer deux cadres forts différents (le parti architectural comportait cette exigence) : les espaces, vastes et majestueux, destinés au public et les galeries de peintures, plus intimes et privées.

La solution traditionnelle aurait consisté à placer les aires publiques au cœur de l'édifice et à les entourer de galeries; c'est ainsi que les musées étaient conçus depuis l'époque de Schinkel. Une telle formule crée cependant un problème architectural. Puisque les galeries à éclairage zénithal sont sans fenêtres, les murs extérieurs de l'édifice sont aveugles. Des architectes néoclassiques tels que Pope avaient réussi à neutraliser cet effet rébarbatif en créant sur les façades de fausses fenêtres qu'ils habillaient d'ornements de surface. Les architectes modernistes avaient tendance à rejeter ces stratagèmes, si bien que les musées de Le Corbusier à Tokyo et à Ahmedabad, ou le Guggenheim de Wright, ressemblent à des entrepôts ou à des blockhaus aux murs aveugles. Même les musées de Louis Kahn à Fort Worth et à Yale n'offrent pas de solutions satisfaisantes au problème d'une façade sans fenêtre.

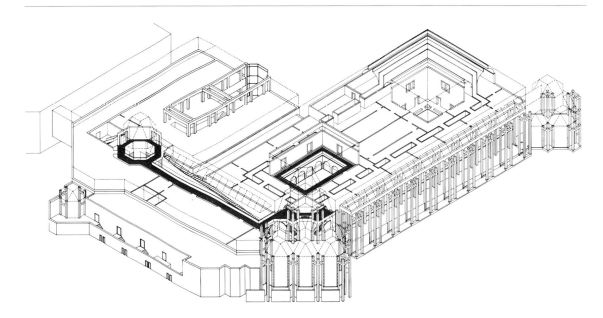

Axonometric

Perspective axonométrique

Safdie developed two designs. The first, more conventional, placed the galleries on each side of an inner glass-roofed colonnade; the second was less orthodox and located the colonnade on the exterior. Both alternatives were presented to a meeting of a Cabinet committee, where the prime minister cast the deciding vote for the second, extrovert solution. It's hard to fault the decision. The transparent colonnade and glass pavilions make the museum appear open and inviting. From the exterior one sees a building that celebrates movement. The only drawback is that because the galleries are hidden from view, the National Gallery's symbolic impact derives not from its artistic but its social function. Although this may be a true reflection of the museum's new role, one misses any allusion to art in the transparent facades.

Dans le premier des deux projets que Safdie prépara, plus conventionnel, les galeries occupaient chaque côté d'une colonnade intérieure au toit vitré. Le second, moins orthodoxe, plaçait la colonnade à l'extérieur. Les deux projets furent présentés à un comité du Cabinet où le premier ministre jeta un poids dans la balance en optant pour la seconde solution, plus ouverte à l'extérieur – et il est difficile de lui donner tort. Le verre utilisé pour la Colonnade et les pavillons donnent au Musée un caractère ouvert et accueillant. De l'extérieur, l'édifice célèbre le mouvement. Mais comme les galeries sont cachées à la vue du passant, la portée symbolique du Musée est davantage fondée sur sa fonction sociale que sur sa fonction artistique. Reflet fidèle du rôle nouveau du musée ? Peut-être, mais on aurait aimé que les façades transparentes dévoilent la présence des œuvres d'art.

Sketches and models of open and closed schemes

Esquisses et maquettes de deux propositions de l'architecte : l'une ouverte, l'autre fermée sur l'extérieur

Colonnade

La Colonnade

Still, the location of the public spaces has one felicitous side effect: the visitor can see outside as he moves through the building. The changing view makes it easier to know where one is. And what a view it is! The buildings on Parliament Hill, so familiar from the Wellington Street side, here assume an altogether different character, more rugged, more picturesque, more the kind of muscular Gothic that the original Victorian architects must have had in mind. The long approach up the incline of the Colonnade – surely the longest ramp in recent architecture – produces an agreeable sense of anticipation. (On leaving the museum this is reversed: the tired museumgoer has an easy glide down to the exit.) The ramp was introduced into modern architecture by Le Corbusier in the 1920s, and features prominently in both his museums. But in his buildings ramps usually turn back on themselves, and often, as in the Carpenter Center at Harvard, they call to mind modern sculpture – something, say, by Jean Arp. On the other hand, the severe and unrelentingly straight ramp of the National Gallery, whose dimensions Safdie based on those of the ramp leading to the Scala Regia in the Vatican, suggests Babylonian or Egyptian architecture; climbing it among a group of people, one feels like part of a ceremonial procession in a Cecil B. DeMille movie. The Great Hall, at the top of the ascent, is a bigger version of the Entrance Pavilion; the eerily skylit ramped stair of the Concourse is likewise a reminder of the previous incline, and leads to another, octagonal space. Such mnemonic devices play an important orienting role. Despite its size, the National Gallery rarely confuses the visitor.

L'emplacement des aires publiques crée un heureux effet. Le visiteur peut apercevoir l'extérieur en circulant dans l'édifice et il lui est plus facile de savoir où il se trouve grâce aux changements constants du panorama qui s'offre à lui. Et quelle vue ! Les édifices de la colline parlementaire, que l'on a l'habitude de voir depuis la rue Wellington, prennent ici un caractère différent, une allure plus vigoureuse, plus pittoresque; on découvre un gothique plus musclé, tel que les architectes victoriens l'avaient certainement envisagé. La longue ascension de la Colonnade – c'est la rampe la plus longue de toutes les œuvres architecturales récentes – crée un agréable sentiment d'anticipation. (L'effet inverse est créé au départ du Musée : le visiteur fatigué n'a plus qu'à se laisser descendre vers la sortie.) La rampe est un élément architectural moderne qui a été introduit par Le Corbusier dans les années 1920; elle est partout présente dans ses deux musées où elle effectue souvent un retour sur elle-même, comme au Carpenter Center de Harvard, rappelant des sculptures modernes – des œuvres de Jean Arp, par exemple. En revanche, la sévère rectitude de la rampe du Musée des beaux-arts, inspirée de l'escalier de la Scala Regia du Vatican, rappelle l'architecture babylonienne ou égyptienne. Lorsqu'on la remonte au milieu d'un groupe de visiteurs, on a l'impression de faire partie de quelque procession cérémonielle dans un film de Cecil B. DeMille. Le Grand Hall, à l'extrémité de la rampe, est une version plus grande de l'entrée principale. L'éclairage zénithal, impénétrable, tombe sur la rampe en gradins de la Promenade, qui est elle-même un rappel de la rampe précédente et conduit à un autre espace octogonal. Ces rappels jouent un rôle important dans l'orientation des visiteurs qui n'ont que rarement l'impression d'être égarés en dépit de la taille du Musée.

Great Hall

Le Grand Hall

Entrance Pavilion

L'entrée principale

Concourse, looking toward the Great Hall

La Promenade, en direction du Grand Hall

Staircase to the balcony of the Great Hall

Escalier menant au balcon du Grand Hall

The public spaces of the National Gallery recall a city landscape. There's more than a little of Jerusalem (a city where Safdie spends part of the year) in this arrangement: tall narrow corridors connecting open plazas. The feeling of being in an ancient Mediterranean town is heightened by the granite paving and surrounding granite walls and by the changing patterns of sunlight and shadow. But the Great Hall is still a distinctly modern space, a huge version of Bruno Taut's Glass Pavilion at the 1914 Cologne Exhibition; it also recalls Paxton's Crystal Palace, or Buckminster Fuller's American pavilion at Expo 67. The engineering atmosphere of the steel structure of the Great Hall is softened by billowing white sails that are really retractable sunshades, and occasionally also by decorative red and maroon banners.

Les aires publiques du Musée rappellent un paysage urbain. Il y a ici plus qu'un écho de Jérusalem, où Safdie vit une partie de l'année : des couloirs étroits et hauts relient des placettes. L'impression de se trouver dans une ville méditerranéenne ancienne est renforcée par le dallage et les murs de granite qui entourent le visiteur, et les jeux d'ombre et de lumière. Mais le Grand Hall demeure un endroit indiscutablement moderne, une gigantesque version du pavillon de verre de Bruno Taut à l'exposition de Cologne en 1914; il rappelle également le Crystal Palace de Paxton, ou le pavillon américain de Buckminster Fuller à Expo 67. L'atmosphère d'ingénierie que créent les structures d'acier du Grand Hall est adoucie par la houle des voiles blanches, qui sont en fait des pare-soleil rétractables, et, à l'occasion, par des voiles décoratives rouge et marron.

Concourse, from the balcony of the Great Hall

Vue de la Promenade depuis le balcon
du Grand Hall

Sails and banners in the Great Hall

Les voiles du Grand Hall

While giving the architect free rein in the public areas, Boggs and the gallery curators insisted that the galleries be a different world: an inner world, a world of the imagination, a world of art. Most architects would have designed the galleries to be relatively neutral rooms, which would act as a foil for the dramatic public spaces – that's what Stirling and Wilford opted for in the Neue Staatsgalerie in Stuttgart. Instead, Safdie created an equally striking architectural language for the galleries, one that made no reference at all to what had come before. The scale of the galleries is almost domestic, the materials – wood floors and plaster ceilings – warmer, the light subdued, the atmosphere calm.

Tout en donnant entière latitude à l'architecte pour les aires publiques, Boggs et les conservateurs du Musée ont tenu à ce que les galeries constituent un univers différent, celui de l'intériorité, de l'imagination et de l'art. La plupart des architectes auraient fait de ces galeries des salles relativement neutres, afin de créer un contraste avec les aires publiques, plus spectaculaires – c'est le choix de Stirling et Wilford à la Neue Staatsgalerie de Stuttgart. Safdie a préféré adopter un autre parti architectural tout aussi novateur pour les galeries, sans rapport avec tout ce qui l'avait précédé. Ces galeries sont construites à une échelle presque domestique; les matériaux – planchers de bois et plafonds de plâtre – sont plus chauds, la lumière est douce, l'atmosphère sereine.

Exterior view through to Contemporary galleries, from Sussex Drive

Vue depuis la promenade Sussex des galeries d'art contemporain

Only a thin door separates the two worlds. At first I thought the transition was too abrupt. Shouldn't there be some sort of intermediate space, a porch, perhaps, a vestibule or a courtyard that would allow the visitor to catch his breath? Beaux-Arts architects articulated each part of a building and composed them so that the transition from one space to another was clearly demarcated; modernists went in the opposite direction and blended spaces into a seamless whole. As a result, we are unused to the visceral experience of being dumped, so to speak, into a new and different space. That is what happens when we open the door into Safdie's picture galleries; it's like stepping over the threshold of an Oriental house after being in the busy souk. One moment we are outside; a second later we're in.

The galleries are divided into five separate areas: the Canadian collection, the European, American, and Asian galleries, a section for contemporary art (including video), another for prints, drawings, and photographs, and a separate space for special exhibitions. Each has its own architectural character. The most memorable are undoubtedly the vaulted galleries that house the Canadian and the European and American art. Like the galleries in a nineteenth-century museum the spaces are divided into a sequence of long rooms, permitting the curators to group paintings according to different periods or different schools. There is also the time-honoured arrangement of large galleries flanked by smaller, more intimate rooms. The vaulted ceilings consciously recall those of Soane or Kahn, and while the vaults are not structural (as they are at the Kimbell) they serve similarly to diffuse light throughout the rooms.

Seule une mince porte sépare ces deux mondes. Au premier abord, j'ai trouvé cette transition trop brutale; ne devrait-il pas y avoir un espace intermédiaire, un porche peut-être, ou un vestibule qui permettrait aux visiteurs de reprendre leur souffle ? Contrairement aux architectes du xixᵉ siècle qui articulaient et composaient chaque partie d'un édifice de manière à créer une nette transition d'une aire à l'autre, les modernistes prirent un parti diamétralement opposé en combinant les divers espaces pour en faire un ensemble d'un seul tenant. Le visiteur ainsi précipité, littéralement, dans un espace nouveau et différent, vit une expérience inhabituelle, presque viscérale. C'est ce qui se produit lorsque nous ouvrons la porte qui mène aux galeries de peintures de Safdie; on a l'impression de franchir le seuil d'une demeure orientale après avoir traversé un souk plein d'animation. Il y a un instant, vous étiez dehors; maintenant, vous vous retrouvez à l'intérieur.

Les galeries comprennent cinq aires distinctes : l'art canadien, l'art européen, américain et asiatique, l'art contemporain (y compris la vidéo), les dessins et estampes et la photographie, enfin une aire distincte pour les expositions temporaires. Chaque aire a son caractère architectural propre. Les salles voûtées, qui abritent les collections canadienne, européenne et américaine, sont indéniablement les plus mémorables. Comme les galeries d'un musée du xixᵉ siècle, l'espace est divisé en longues salles placées en enfilade, où les conservateurs peuvent regrouper les tableaux par période et par école. On retrouve aussi la disposition traditionnelle des grandes galeries flanquées de pièces plus petites et plus intimes. Les plafonds cintrés sont un rappel voulu de Soane et de Kahn; bien que les voûtes ne soient pas structurelles, comme au Kimbell, elles servent également à diffuser la lumière dans les salles.

You come into a very serene room
with a great big vault,
and there it is: a painting.

Vous pénétrez dans la quiétude d'une salle
coiffée d'une grande voûte
et la voilà soudain devant vous : la peinture.

Moshe Safdie

But here, unlike at the Kimbell where the same module repeats throughout, there are differences in the design of the various galleries. The large room that contains Barnett Newman's towering *Voice of Fire*, for example, is exceptionally tall and has a cathedral-like ceiling. While most of the galleries are painted in light shades of blue and grey, some are in stronger colours: one Canadian room is a dark green that beautifully sets off the Group of Seven landscapes, and a seventeenth-century European room is covered in crimson fabric that provides a sumptuous background for Bernini's bust of Pope Urban VIII. Even the wood floors are not everywhere identical: red oak in the Canadian collection, white oak in the European galleries.

Ici, cependant, à la différence du Kimbell où le même module est répété d'un bout à l'autre, on note des différences dans la conception des diverses galeries. La grande salle contenant l'imposante *Voix de feu* de Barnett Newman, par exemple, a un plafond très haut. Bien que la plupart des galeries soient peintes dans des tons bleu et gris légers, des couleurs plus fortes sont utilisées pour certaines d'entre elles : une salle d'art canadien aux murs vert foncé met admirablement en valeur les paysages du Groupe des Sept; une autre consacrée à l'art européen du XVIIᵉ siècle est tapissée d'un tissu écarlate qui crée un fond somptueux pour le buste du pape Urbain VIII par Bernini. Enfin, les planchers varient d'un lieu à l'autre : chêne rouge pour la collection canadienne, chêne blanc dans les galeries européennes.

Construction in the Canadian galleries

Les galeries d'art canadien en cours de construction

Canadian gallery
(Alfred Pellan and the Automatistes)

Galerie d'art canadien
(Alfred Pellan et les Automatistes)

European gallery (Baroque)

Galerie d'art européen (le Baroque)

American gallery
(United States after 1945)

Galerie d'art américain
(les États-Unis après 1945)

76

Canadian gallery
(Early Quebec Religious Art)

Galerie d'art canadien
(l'art religieux ancien du Québec)

Side galleries, European
(French Medieval Sculpture)
(Great Britain: 20th Century)

Galeries latérales d'art européen
(la sculpture médiévale française)
(Grande-Bretagne : XXᵉ siècle)

Contemporary gallery

Galerie d'art contemporain

Gathie Falk, *Herd Two* (detail)

Gathie Falk, *Troupeau deux* (détail)

European gallery (Eighteenth Century),
with a view of Antonio Canova's *Danseuse*

Galerie d'art européen (le XVIIIᵉ siècle),
avec vue sur la *Danseuse* d'Antonio Canova

Contemporary gallery, with
Sol Lewitt's *Wall Drawing No. 623*

Galerie d'art contemporain, avec
le *Dessin mural n° 623* de Sol Lewitt

View from the Contemporary galleries onto
Sussex Drive

Vue de la promenade Sussex depuis les
galeries d'art contemporain

The building program insisted on the provision of natural light in the galleries; as in a nineteenth-century museum, the rooms are illuminated with skylights. One thing that makes the National Gallery unique is that there are two levels of skylit galleries rather than one. Working with the lighting consultant Paul Marantz, Safdie contrived seven-and-a-half-metre-deep light shafts, coated with highly reflective mirrored acetate, that conduct light to the lower-level rooms. This unusual device, previously unknown in museum architecture, represents a bold gamble on the part of both the curators and the architect. Small models were built, then larger (1:20) scale models were tested. Lighting engineers took measurements, and still there were doubts. Finally a full-size mockup (costing $350,000) of one gallery was built to verify that such an unorthodox idea would work. It did.

Le programme architectural adopté exigeait que les galeries bénéficient d'un éclairage naturel. Un système d'ouvertures pratiquées au sommet des voûtes – produisant un éclairage zénithal – a donc été utilisé dans les galeries, comme dans les musées du XIXe siècle. Mais le Musée des beaux-arts du Canada innove en utilisant ce type d'éclairage de deux manières. Avec la collaboration de Paul Marantz, expert-conseil en la matière, Safdie a conçu un véritable puits de lumière de sept mètres et demi de profondeur, dont les parois, revêtues d'un matériau à haute réflexion, diffusent la lumière dans les galeries du niveau inférieur. Ce dispositif original, inconnu jusque-là dans l'architecture des musées, est un véritable coup de dé de la part des conservateurs et de l'architecte. On dut construire des modèles, d'abord de petites dimensions, puis plus grands (à l'échelle de 1:20) qu'on mit ensuite à l'essai. Les ingénieurs en éclairage prirent des mesures, mais le doute persistait. On fit donc une simulation grandeur nature (au coût de 350 000 $) pour vérifier si un concept aussi peu orthodoxe serait fonctionnel. Les résultats furent concluants.

Model of light shaft

Maquette d'un puits de lumière

Full-sized mock-up

Maquette grandeur nature

Light shafts under construction and porthole view into a light shaft

Puits de lumière en construction et oculus donnant sur un puits de lumière

Section A / Coupe A

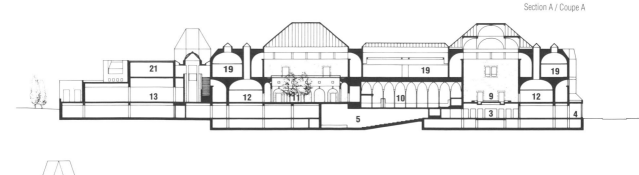

Section B / Coupe B

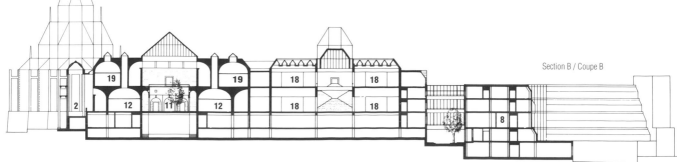

1 Entrance Pavilion
2 Colonnade
3 Tour Group Lobby
4 Bookstore
5 Auditorium
6 Inuit collection
7 Sunken Garden
8 Curatorial Wing
9 Water Court
10 Rideau Street Convent Chapel
11 Garden Court
12 Canadian galleries
13 Special Exhibitions gallery
14 Great Hall
15 Concourse
16 Rotunda
17 Restaurant
18 Contemporary galleries
19 European galleries
20 Asian galleries
21 Prints, Drawings, and
   Photographs galleries
22 Library

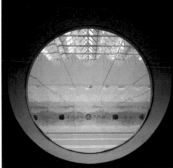

1 Entrée principale
2 Colonnade
3 Foyer des groupes
4 Librairie
5 Auditorium
6 Collection d'art inuit
7 Jardin en contrebas
8 Pavillon de la muséologie
9 Atrium
10 Chapelle du couvent de la rue Rideau
11 Jardin
12 Galeries d'art canadien
13 Expositions temporaires
14 Grand Hall
15 Promenade
16 Rotonde
17 Restaurant
18 Galeries d'art contemporain
19 Galeries d'art européen
20 Galeries d'art asiatique
21 Galeries des dessins, estampes et
   photographies
22 Bibliothèque

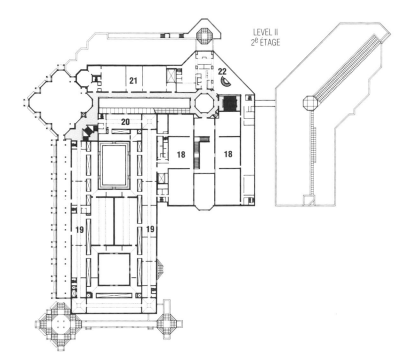

LEVEL II
2e ÉTAGE

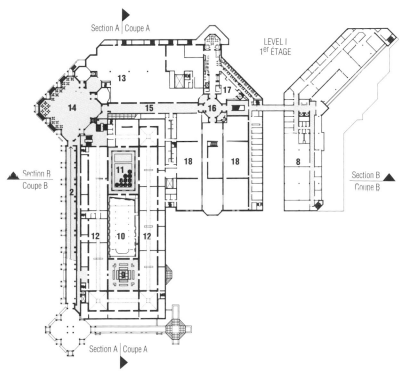

Section A | Coupe A

LEVEL I
1er ÉTAGE

Section B
Coupe B

Section B
Coupe B

Section A | Coupe A

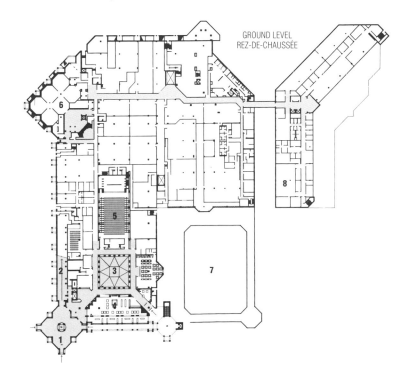

GROUND LEVEL
REZ-DE-CHAUSSÉE

The galleries also have their traditional elements. Like Pope's building in Washington, D.C., Safdie's National Gallery provides the visitor with glass-covered, landscaped courtyards, which serve as welcome retreats from the demanding labour of art appreciation. Unlike the dramatic public spaces that surround the galleries, these oases – the Middle Eastern metaphor is unavoidable – are calming and restful. One is planted with fig trees, ferns, and seasonal flowers; the other, by contrast, contains only a pool of rippling water. This last is particularly ingenious, for the bottom of the pool, made of glass, also acts as a sort of watery skylight for the lobby below.

Le Musée comporte des éléments traditionnels. Comme l'édifice de Pope à Washington, D.C., celui de Safdie offre au visiteur des jardins paysagers aux toits vitrés où il peut se reposer après l'épuisante épreuve de la découverte artistique. À la différence des impression-nantes aires publiques entourant les galeries, ces oasis – la métaphore moyen-orientale s'impose – apportent le calme et la détente. L'une d'entre elles est plantée de figuiers, de fougères et de fleurs saison-nières; l'autre, contrastante, ne contient qu'un bassin rempli d'une eau miroitante. Cette pièce d'eau est particulièrement ingénieuse, car le fond en verre joue le rôle d'une verrière pour le foyer juste au-dessous.

Garden Court

Le Jardin

Tour Group Lobby

Le Foyer des groupes

Water Court

L'Atrium

Garden Court

Le Jardin

There are two unusual interiors among the galleries that bear special mention. One is a restoration of the Rideau Street Convent Chapel, originally designed by Georges Bouillon in 1887 and dismantled in 1972 when the convent was demolished. I am not convinced that the neo-Gothic interior is really a masterwork, although its wooden fan-vaulted ceiling supported by cast-iron columns is unique in North America. Nevertheless, and despite the fact that it sadly lacks pews, it is still a telling reminder of a time when art was specifically linked to places and buildings. More engaging to my mind is another, less elaborate reconstruction, that of the living room of a Georgian Bay summer cottage that belonged to Dr. James MacCallum. The upper part of the walls of the cottage were decorated in 1915 by several members of the Group of Seven, including Tom Thomson, Arthur Lismer, and J.E.H. MacDonald, with everyday scenes – children at play, bathers lounging, canoeists, woodland scenery, and a lake schooner delivering supplies to the summer vacationers at Go-Home Bay. This marriage of our most illustrious painters with a quintessentially Canadian institution – the summer cottage – is oddly affecting.

Deux salles présentent des intérieurs originaux qui méritent une mention spéciale. La première contient la Chapelle restaurée d'un ancien couvent situé sur la rue Rideau à Ottawa. Cette œuvre conçue par Georges Bouillon en 1887 fut démantelée en 1972 au moment de la démolition de l'édifice. Je ne suis pas convaincu que cet intérieur néogothique soit véritablement un chef-d'œuvre, encore que les éventails de bois qui forment le plafond et que soutiennent des colonnes de fonte, est unique en Amérique du Nord. Néanmoins, en dépit du fait que les bancs n'y soient plus, l'œuvre rappelle une époque où l'art était étroitement lié aux lieux et aux édifices. Je trouve personnellement plus attrayante la reconstitution, certes plus simple, de la pièce principale d'un chalet d'été de la baie Georgienne qui appartenait jadis au Dr James MacCallum. Des membres du Groupe des Sept, dont Tom Thomson, Arthur Lismer et J.E.H. MacDonald, avaient peint, en 1915, sur la partie supérieure des murs de ce chalet, des scènes de la vie quotidienne : enfants en train de jouer, baigneurs au repos, canotiers, scènes sylvestres et bateau ravitailleur pour les vacanciers de la baie Go-Home. Cette alliance entre nos peintres les plus illustres et une institution canadienne aussi fondamentale – le chalet d'été – est curieusement touchante.

Restorer at work on the Rideau Street
Convent Chapel

Restauration de la Chapelle du couvent
de la rue Rideau

To pass from the European and American and Canadian galleries to the contemporary collection is to pass from the museum-as-repository-of-culture to the museum-as-promoter-of-the-arts. Nineteenth-century "rooms" are replaced by twentieth-century "spaces." The transition comes as a rude shock, but that is as it should be. The open, informal, loftlike area accommodates a bewildering array of contemporary works – life-sized camels, fluorescent tubes, stones laid out on the floor, Warhol's infamous Brillo boxes. The second floor is devoted to changing installations. One has the feeling here of entering an artist's studio, of being allowed to see experimentation and exploration not yet sanctioned by posterity. The precious, the contrived, and the authentic hang, stand, and lean, side by side. Will these works survive the centuries? Only time will tell. In the meantime, the visitor is encouraged to make up his own mind.

Passer des galeries d'art européen et américain et des galeries canadiennes à la collection contemporaine revient à quitter un musée dépositaire de la culture pour pénétrer dans un musée promoteur des arts. Les « salles » du XIXᵉ siècle deviennent des « espaces » du XXᵉ siècle. La transition, brutale, est fort opportune. Le nouvel espace est une aire ouverte, peu structurée, qui rappelle le loft et contient un assemblage ahurissant d'œuvres contemporaines. Chameaux grandeur nature, fluorescents et pierres disposées à même le sol accompagnent les bien célèbres boîtes de Brillo de Warhol. Le deuxième étage est consacré aux installations temporaires. On a l'impression d'entrer dans l'atelier d'un artiste, comme si on nous avait autorisé à assister aux expériences et aux tentatives que la postérité devra ensuite sanctionner. Le précieux, le tarabiscoté et l'authentique sont là, accrochés, debout, appuyés, côte à côte. Ces œuvres résisteront-elles au verdict des siècles ? Seul le temps le dira. En attendant, le visiteur a tout le loisir de se faire une opinion.

Study room for prints, drawings, and photographs

Cabinet d'étude des dessins, estampes et photographies

Inuit collection

La collection d'art inuit

Elevated walkway to the Curatorial Wing, view from the Nepean Point side

Vue depuis la pointe Nepean de la passerelle menant au Pavillon de la muséologie

The National Gallery has an important collection of European and Canadian prints and drawings, and a photographic collection of the first rank. Since works of art on paper should not be exposed to light for more than about ten weeks at a time they are exhibited in rotation, in an open windowless space with walls that can be modified somewhat to create different display arrangements.

The fifth display area, which is intended for special exhibitions, is on the opposite side of the Concourse. This is a cavernous, virtually windowless room resembling a sound stage – the ultimate flexible space. There are no skylights here, perhaps because most museums that lend paintings to travelling exhibitions specify that the works may not be exposed to natural light. Still, it would have enhanced the space's use had the option for natural illumination been provided. The 1,600-square-metre hall can be divided by movable walls which are rearranged and repainted for each new exhibit. Since the space can be entered from either end as well as from the Concourse, it can be used for one large exhibition or several concurrent smaller ones.

Beneath the Great Hall is an interesting series of rooms that have been used for "open storage." This area now houses the Inuit collection, which previously was located at the entrance to the Prints, Drawings, and Photographs galleries.

The National Gallery also includes an important area that is generally less accessible to the public. Linked to the main building by an elevated glass-enclosed walkway, the Curatorial Wing provides office space for the 250 or so professional and administrative staff of the Gallery, and also contains conservation laboratories, workshops, and a study room for prints, drawings, and photographs. Safdie's stated aim was to provide every person with natural light and a view out, and to the extent that this was feasible, it has produced a humane and comfortable work environment. Some of the rooms have the feeling of studios, with north-facing, floor-to-ceiling glass walls looking out over the Ottawa River and the Gatineau Hills beyond.

Le Musée possède une remarquable collection de dessins et d'estampes d'origine européenne et canadienne, sans oublier sa collection de photographies, fort imposante. Les œuvres sur papier ne pouvant être exposées à la lumière plus d'environ dix semaines consécutives, elles sont remplacées régulièrement dans la salle, sans fenêtres, prévue à cette fin et dont les cloisons partiellement mobiles permettent d'aménager les lieux différemment.

La cinquième aire, réservée aux expositions temporaires, se trouve dans la partie opposée de la Promenade. Immense pièce aux murs presque aveugles, qui ressemble à un plateau de tournage, c'est l'espace le plus flexible qui soit. S'il n'y a aucun éclairage zénithal dans cet espace, c'est peut-être parce que la plupart des musées qui prêtent des peintures exigent que leurs œuvres ne soient pas exposées à la lumière naturelle. S'il avait été possible d'utiliser celle-ci, cela aurait pourtant rendu cet espace encore plus utile. La salle de près de 1600 mètres carrés peut être divisée par des cloisons que l'on redéploie et repeint pour chaque nouvelle exposition. Comme on pénètre dans la salle par l'une ou l'autre extrémité ou encore par la Promenade, elle sert tout autant aux grandes rétrospectives qu'à plusieurs petites expositions simultanées.

Sous le Grand Hall se trouve une série de salles qui ont d'abord abrité la « Réserve ouverte ». On y trouve désormais la collection d'art inuit, que l'on pouvait voir auparavant à l'entrée des galeries consacrées aux dessins, estampes et photographies.

Le Musée des beaux-arts du Canada comprend également une autre aire importante, bien que moins accessible au public. Quelque 250 membres de son personnel, de même que les laboratoires et les ateliers de conservation ainsi qu'un cabinet d'étude des dessins, estampes et photographies occupent le Pavillon de la muséologie, relié à l'édifice principal par une passerelle vitrée. Safdie a cherché à ce que tous les employés bénéficient, dans la mesure du possible, de la lumière naturelle et d'une vue extérieure. L'ambiance de travail en est d'autant plus confortable et agréable. Certaines de ces pièces donnent l'impression qu'on se trouve dans un studio, grâce aux murs vitrés du côté nord, qui donnent sur la rivière des Outaouais et, au-delà, sur les collines de la Gatineau.

Nancy Graves, *Camels*

Nancy Graves, *Chameaux*

The grand public spaces of the National Gallery do not disappoint the Sunday afternoon crowd, and its serious, calm picture galleries provide an appropriate setting for art. The contradictions of the modern art museum are not papered over; if anything, they're revealed. This is neither the idealized art temple of the nineteenth century nor a self-centred architectural tour de force. Moshe Safdie and his design team have created a place where art can be enjoyed, studied, contemplated, or merely gaped at. There is place for the jostling crowd and also the individual, the tourist as well as the connoisseur. Each visitor can experience this multifaceted building in a different way.

Les vastes aires publiques du Musée ne déçoivent pas les foules du dimanche après-midi. Ses galeries, à l'atmosphère calme et grave, offrent un cadre approprié aux œuvres d'art. Les contradictions du musée d'art moderne ne sont pas maquillées; en fait, elles seraient plutôt soulignées. Nous n'avons ici affaire ni à un temple des arts, idéal du XIXe siècle, ni à un tour de force d'un architecte égocentrique. Moshe Safdie et son équipe de concepteurs ont créé un espace où l'art peut être apprécié, étudié, regardé, ou tout simplement contemplé par des néophytes un peu étonnés. L'endroit convient aussi bien à la foule qui se bouscule qu'à l'individu, au touriste qu'au connaisseur. Chaque visiteur peut apprécier à sa manière les multiples visages de l'édifice.

Views from the Nepean Point side and from
the Ottawa River

Vues depuis la pointe Nepean et la rivière
des Outaouais

Architecture differs from the other modern visual arts in one important respect: it is always part of a context. To understand the architecture of the National Gallery it is necessary not only to examine its function as a museum but to recognize its role as a building in a particular location in the nation's capital. The site – on Nepean Point, a promontory overlooking the Ottawa River, with a splendid view of Parliament Hill – is obviously a dramatic one. But the location is not without liabilities. The required location for the entrance to the museum was the important corner on Sussex Drive, facing Notre-Dame Basilica, a neo-Gothic building designed by Georges Bouillon. The ideal place for the Great Hall was almost ninety metres away, at a higher elevation overlooking Parliament Hill and the river. If the Great Hall were placed at the entrance its dramatic views would have been lost; but to locate the entrance at the top of the bluffs would have created an awkward relationship between the museum and the existing buildings along Sussex Drive.

Safdie's solution – what architects call the *parti* – was to locate a small pavilion at the entrance corner and to link it with a ramped colonnade to the Great Hall. A second inner "street" – the Concourse – forming an L, connected the Hall to an octagon at the northwest corner of the site; the permanent collection galleries were located alongside these public corridors.

L'architecture se différencie de façon notable des autres formes des arts plastiques modernes : elle s'intègre toujours dans un contexte. Pour mieux saisir l'architecture du Musée des beaux-arts du Canada, il faut non seulement en examiner la fonction muséologique, mais aussi le rôle qu'il joue par son emplacement unique dans la Capitale nationale. Le site, spectaculaire, est un promontoire qui surplombe la rivière des Outaouais, offrant une vue splendide de la Colline parlementaire. Mais cette pointe Nepean avait ses contraintes. L'entrée du Musée, par exemple, se devait d'être sur la promenade Sussex, face à l'édifice néogothique de la Basilique Notre-Dame, conçu par Georges Bouillon. L'emplacement idéal pour le Grand Hall se trouvait toutefois à près de quatre-vingt-dix mètres de là, à un niveau plus élevé du terrain, qui donne sur la Colline parlementaire et la rivière. Si le Grand Hall avait été placé à l'entrée, le superbe panorama aurait été perdu; en revanche, une entrée au sommet des escarpements aurait engendré quelque discontinuité entre le Musée et les édifices bordant la promenade Sussex.

La solution mise au point par Safdie – ce que les architectes nomment le « parti architectural » – fut de placer un petit pavillon au coin de l'entrée et de le relier au Grand Hall par une Colonnade à plan incliné. Une seconde « rue », dite la Promenade, forme un L, qui relie le hall à un octogone au coin nord-ouest. Les galeries qui abritent la collection permanente sont regroupées le long de ces couloirs publics.

Amphitheatre

L'Amphithéâtre

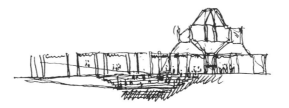

The exterior of the National Gallery is covered in pink and grey granite from the Tadoussac region of Quebec. The stone is beautiful, although the overall impact is somewhat severe. One looks in vain for some relief, some colour, some architectural modulation of the surfaces. The largely windowless west facade of the Special Exhibitions gallery, despite (or perhaps because of) the dramatic setting, appears especially dull and forbidding. Nor does the use of ordinary precast concrete, rather than a more decorative material, around the window frames do anything to soften the building's appearance. Safdie is too much of a strict modernist to go in for decorative effects; he prefers to rely on functional devices to provide embellishment. Sometimes, as in the case of the sails in the Great Hall, this works; on the other hand, the metal gratings intended to shade the Colonnade are clumsy and resemble window-washing equipment.

These reservations aside, the National Gallery, like Safdie's Musée de la Civilisation in Quebec City, responds admirably to its surroundings. The side next to the Canadian War Museum and the Royal Canadian Mint is suitably low, and a sunken courtyard planted with flowering crab-apple trees sets off the rusticated stonework of the Victorian War Museum to great effect. The Entrance Pavilion engages in conversation with the buildings on Sussex Drive, but is small enough to let the Basilica keep its dignity and importance. The Colonnade faces a large, severe garden, designed by the Vancouver landscape architect Cornelia Hahn-Oberlander. It might be called a "Canadian garden," since it incorporates plants native to the Canadian taiga of northern Ontario.

L'extérieur du Musée des beaux-arts du Canada est revêtu de granite rose et gris provenant de la région de Tadoussac au Québec. En dépit de l'impression d'ensemble un peu sévère qu'elle crée, la pierre est d'une grande beauté. Mais le spectateur cherchera en vain un peu de relief, de la couleur et une modulation architecturale des surfaces. La façade ouest, presque complètement aveugle, qui constitue le mur de la salle des expositions temporaires, paraît morne et rébarbative en dépit du cadre spectaculaire qui l'entoure, ou peut-être à cause de ce même cadre. L'utilisation pour les fenêtres de béton précontraint ordinaire, plutôt que d'un matériau plus décoratif, ne contribue pas non plus à adoucir l'apparence de l'édifice. Safdie est trop fidèle au modernisme pour se laisser aller à des effets décoratifs; il préfère demander aux éléments fonctionnels le soin d'embellir son œuvre. Parfois, dans le cas des voiles du Grand Hall, le résultat est patent, mais les grilles de métal destinées à donner de l'ombre à la Colonnade sont lourdes et maladroites; on dirait qu'il s'agit d'un outillage laissé là pour les laveurs de vitres.

À ces quelques réserves près, le Musée des beaux-arts du Canada est, à l'image du plus récent Musée de la civilisation à Québec, admirablement adapté à son environnement. Sa face nord, qui donne sur le Musée canadien de la guerre et la Monnaie royale canadienne, est de faible hauteur, comme il se doit; un jardin en contrebas, planté de pommiers de Sibérie, met admirablement en valeur la maçonnerie bossagée de style victorien du Musée de la guerre. L'entrée principale, qui fait écho aux édifices de la promenade Sussex, est suffisamment petite pour laisser à la basilique toute sa dignité et son importance.
La Colonnade fait face à un vaste jardin aux lignes sévères, œuvre de l'architecte-paysagiste de Vancouver Cornelia Hahn-Oberlander. On pourrait parler d'un « jardin du Canada » puisqu'il est peuplé de plantes originaires de la taïga du nord de l'Ontario.

Walkway, with Curatorial Wing and Canadian
War Museum at right

Passage le long du Pavillon de la muséologie
et du Musée canadien de la guerre à droite

View from the Nepean Point Side, outside the
Rotunda of the Restaurant

Vue depuis la pointe Nepean de l'extérieur de
la Rotonde du restaurant

Preliminary models for the Great Hall

Maquettes préliminaires du Grand Hall

 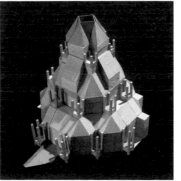 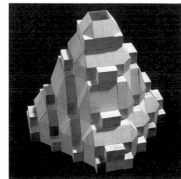

The major and most dramatic feature of the National Gallery is, of course, the Great Hall, a pinnacled glass polygon that dominates the exterior of the building just as it provides the main focus for the interior. It's a daring architectural gesture, and one that succeeds on several levels. It provides a simple and memorable image for what is really a large and sprawling building. It also adds to the lively downtown skyline as all the best Ottawa buildings have done: Ernest Cormier's Supreme Court, the Peace Tower, and Ross and MacFarlane's neo-French Renaissance Château Laurier. In general form, although not in materials, the conical Great Hall gently mimics the Gothic Revival Parliamentary Library (1859–66) – the only one of the Parliament Buildings to survive the disastrous fire of 1916 – designed by Thomas Fuller and Chillian Jones. This picturesque architectural flourish links the new with the old and serves to establish the National Gallery comfortably in its setting.

Politics and art – the symbolism is unmistakable and compelling. The museum as an institution is not a world apart; Malraux was wrong about that. Putting works of art inside the walls isolates them, but it also celebrates our shared belief in the importance of a common culture. The National Gallery reminds us that this aspiration is a civic virtue that marks us not only as individuals but as a society.

Le Grand Hall demeure, bien sûr, l'élément le plus important et le plus spectaculaire du Musée. Ce polygone de verre à clochetons qui domine l'extérieur de l'édifice sert aussi de repère principal à l'intérieur. Le parti architectural de Safdie, pour audacieux qu'il soit, est une réussite sur plusieurs plans. Ce polygone donne une personnalité à la fois simple et mémorable à ce qui est en fait un édifice à la masse imposante, construit sur un vaste terrain. Il ajoute également une autre flèche à la silhouette du centre-ville, où se profilent les meilleures réalisations architecturales d'Ottawa : la Tour de la paix, la Cour suprême d'Ernest Cormier et le Château Laurier de Ross et MacFarlane au style renaissant français. Par sa forme générale, sinon par les matériaux utilisés, le Grand Hall conique rappelle discrètement la bibliothèque parlementaire néogothique (1859–1866) de Thomas Fuller et Chillian Jones, seul des édifices du Parlement à avoir survécu à l'incendie catastrophique de 1916. Ce pavillon à l'architecture pittoresque et spectaculaire crée un lien entre l'ancien et le nouveau; il permet au Musée de s'intégrer aisément à l'ensemble.

La politique et l'art – le symbolisme est indiscutable et frappant. Le musée, devenu une institution, ne constitue pas un monde à part. Malraux avait tort à ce sujet. Enfermer les œuvres d'art entre quatre murs revient certes à les mettre à part. Mais, il s'agit aussi de célébrer une même foi en l'importance d'une même culture. Le Musée des beaux-arts du Canada rappelle qu'une telle attitude est une vertu civique qui non seulement façonne les individus mais aussi la société.

BIBLIOGRAPHY

"An Encounter with Jean Sutherland Boggs." *Section a*, June/July 1983.

"Atlanta High." *Architectural Record*, January 1984.

Banham, Reyner. "In the Neighborhood of Art." *Art in America*, June 1987.

Bernstein, William, and Ruth Cawker. *Contemporary Canadian Architecture: The Mainstream and Beyond*. Toronto: Fitzhenry & Whiteside, 1982. Revised edition, 1988.

Boesiger, Willy, ed. *Le Corbusier*. London: Thames and Hudson, 1972.

Boggs, Jean Sutherland. "The Designing of a National Gallery." *Burlington Magazine*, April 1985.

————. "The New National Gallery of Canada." *Apollo*, May 1988.

Canada Museums Construction Corporation. *A Building Programme for the New National Gallery of Canada*. Ottawa, 1983.

Cawker, Ruth. "A Second Look at the 1976/77 Competition for the National Gallery of Canada." *Section a*, June/July 1983.

Davis, Douglas. *The Museum Transformed: Design and Culture in the Post-Pompidou Age*. New York: Abbeville Press, 1990.

Fleig, Karl, ed. *Alvar Aalto*. New York: Praeger, 1974.

Haskell, Francis. "The Artist and the Museum." *The New York Review of Books*, 3 December 1987.

Hénault, Odile. "Dissection d'un processus de sélection." *Section a*, June/July 1983.

Hitchcock, Henry-Russell. *Architecture: Nineteenth and Twentieth Centuries*. Harmonsdworth: Penguin, 1958.

Johnson, Paul. *The Birth of the Modern: World Society 1815–1830*. New York: Harper Collins, 1991.

Klotz, Heinrich, and Waltraud Krase. *New Museum Buildings in the Federal Republic of Germany*. New York: Rizzoli, 1985.

Levin, Michael D. *The Modern Museum: Temple or Showroom*. Tel Aviv: Dvir, 1983.

Lilla, Mark. "The Great Museum Muddle." *The New Republic*, 8 April 1985.

Malraux, André. *The Voices of Silence*. Translated by Stuart Gilbert. Garden City: Doubleday, 1953.

Mellinghoff, G.-Tilman. "Soane's Dulwich Picture Gallery Revisited." In *John Soane*. London: Academy Editions, 1983.

Perl, Jed. "Whose Century Was It, Anyway?" *The New Republic*, 2 November 1987.

Posner, Ellen. "The Museum as Bazaar." *The Atlantic*, August 1988.

Rybczynski, Witold. "Art for Art's Sake." *Saturday Night*, October 1988.

————. *Looking Around: A Journey Through Architecture*. Toronto: Harper Collins, 1992.

Safdie, Moshe. "Private Jokes in Public Places." *The Atlantic*, December 1981.

————. *Form and Purpose*. Boston: Houghton Mifflin, 1982.

————. *The Language and Medium of Architecture*. Cambridge, Mass., 1989.

Schmertz, Mildred F. "Collective Significance." *Architectural Record*, October 1988.

Schulze, Franz. *Mies van der Rohe: A Critical Biography*. Chicago: University of Chicago Press, 1985.

Searing, Helen. *New American Art Museums*. New York: Whitney Museum of American Art, 1982.

Smythe, Robert. "Ghost Stories: The Spirits of Galleries Past." *Section a*, June/July 1983.

Stephens, Suzanne, ed. *Building the New Museum*. New York: Architectural League of New York, 1986.

Thaw, E.V. "Art and Circuses." *The New Republic*, 30 March 1992.

Turner, Dan. *Safdie's Gallery: An Interview with the Architect*. Ottawa, 1989.

"Twelve Proposals for the National Gallery of Canada and for the National Museum of Man." *Section a*, Supplement, August 1984.

Vidler, Anthony. *The Writing of the Walls: Architectural Theory in the Late Enlightenment*. Princeton: Princeton Architectural Press, 1987.

BIBLIOGRAPHIE

« An Encounter with Jean Sutherland Boggs », *Section a*, juin–juillet 1983.

« Atlanta High », *Architectural Record*, janvier 1984.

Banham, Reyner, « In the Neighborhood of Art », *Art in America*, juin 1987.

Bernstein, William, et Ruth Cawker, *Contemporary Canadian Architecture : The Mainstream and Beyond*, Toronto, Fitzhenry & Whiteside, 1982; nouv. éd. rév. 1988.

Boesiger, Willy (dir.), *Le Corbusier*, Londres, Thames and Hudson, 1972.

Boggs, Jean Sutherland, « The Designing of a National Gallery », *Burlington Magazine*, avril 1985.

————, « The New National Gallery of Canada », *Apollo*, mai 1988.

Cawker, Ruth, « A Second Look at the 1976/77 Competition for the National Gallery of Canada », *Section a*, juin–juillet 1983.

Davis, Douglas, *The Museum Transformed : Design and Culture in the Post-Pompidou Age*, New York, Abbeville Press, 1990.

Fleig, Karl (dir.), *Alvar Aalto*, New York, Praeger, 1974.

Haskell, Francis, « The Artist and the Museum », *The New York Review of Books*, 3 décembre 1987.

Hénault, Odile, « Dissection d'un processus de sélection », *Section a*, juin–juillet 1983.

Hitchcock, Henry-Russell, *Architecture : Nineteenth and Twentieth Centuries*, Harmonsdworth, Penguin, 1958.

Johnson, Paul, *The Birth of the Modern : World Society 1815–1830*, New York, Harper Collins, 1991.

Klotz, Heinrich, et Waltraud Krase, *New Museum Buildings in the Federal Republic of Germany*, New York, Rizzoli, 1985.

Levin, Michael D., *The Modern Museum : Temple or Showroom*, Tel Aviv, Dvir, 1983.

Lilla, Mark, « The Great Museum Muddle », *The New Republic*, 8 avril 1985.

Malraux, André, *Les voix du silence*, Paris, NRF, 1951.

Mellinghoff, G.-Tilman, « Soane's Dulwich Picture Gallery Revisited », dans *John Soane*, Londres, Academy Editions, 1983.

Perl, Jed, « Whose Century Was It, Anyway ? », *The New Republic*, 2 novembre 1987.

Posner, Ellen, « The Museum as Bazaar », *The Atlantic*, août 1988.

Rybczynski, Witold, « Art for Art's Sake », *Saturday Night*, octobre 1988.

————, *Looking Around : A Journey Through Architecture*, Toronto, Harper Collins, 1992.

Safdie, Moshe, « Private Jokes in Public Places », *The Atlantic*, décembre 1981.

————, *Form and Purpose*, Boston, Houghton Mifflin, 1982.

————, *The Language and Medium of Architecture*, Cambridge (Mass.), 1989.

Schmertz, Mildred F., « Collective Significance », *Architectural Record*, octobre 1988.

Schulze, Franz, *Mies van der Rohe : A Critical Biography*, Chicago, University of Chicago Press, 1985.

Searing, Helen, *New American Art Museums*, New York, Whitney Museum of American Art, 1982.

Smythe, Robert, « Ghost Stories : The Spirits of Galleries Past », *Section a*, juin–juillet 1983.

Société de construction des musées du Canada, *A Building Programme for the New National Gallery of Canada*, Ottawa, 1983.

Stephens, Suzanne (dir.), *Building the New Museum*, New York, Architectural League of New York, 1986.

Thaw, E.V., « Art and Circuses », *The New Republic*, 30 mars 1992.

Turner, Dan, *Safdie's Gallery : An Interview with the Architect*, Ottawa, 1989.

« Twelve Proposals for the National Gallery of Canada and for the National Museum of Man », *Section a*, supplément, août 1984.

Vidler, Anthony, *The Writing of the Walls : Architectural Theory in the Late Enlightenment*, Princeton, Princeton Architectural Press, 1987.

PHOTOGRAPH CREDITS

Listed by page number, left to right, top to bottom. National Gallery of Canada abbreviated NGC.

Half-title page Moshe Safdie and Associates Inc., Boston

10 Electa Editrice, Milan

11 Victoria and Albert Picture Library, Victoria and Albert Museum, London

12 Rijksmuseum-Stichting, Amsterdam

13 Germanisches Nationalmuseum, Nuremberg; Museum of the History of Science, University of Oxford

14 Réunion des musées nationaux, Paris; NGC Archives

15 National Archives of Canada, Ottawa (C59119)

16, 19 Christie's, London

17, 52, 58–59, 63–70, 73, 74, 76, 80–81, 85, 86–89, 92, 94, 98, 101 NGC, Timothy Hursley, Little Rock

21, 22, 84 NGC Photographic Services, Rob Fillion

23, 54–56 NGC Archives

24 The Royal Collection © 1993 Her Majesty The Queen; Kunsthistorisches Museum, Vienna

25 NGC Archives; Alinari/Art Resource, New York

26 Herzog August Bibliothek, Wolfenbüttel, Germany

27–28 Bibliothèque nationale, Paris

29 British Museum, London (top left and right); Staatliche Graphische Sammlung, Munich

30 Staatliche Museum, Berlin

31 National Gallery of Art, Washington, D.C.; Kupferstichkabinett und Sammlung der Zeichnungen, Berlin

32 Guildhall Library, Corporation of London

33 Trustees of Sir John Soane's Museum, London; The Board of Trustees of the Victoria and Albert Museum, London (plan)

34 Staatliche Antikensammlungen and Glyptothek, Munich; Photo-Design Waltraud Krase, Frankfurt; National Gallery, London

35 Photo-Design Waltraud Krase, Frankfurt; National Gallery, London

36 Metropolitan Museum of Art, New York; Notman Archives, McCord Museum, Montreal, photo Montreal Museum of Fine Arts

37, 48 National Gallery of Art, Washington, D.C.

38 David E. Scherman, courtesy The Museum of Modern Art, New York; The Museum of Modern Art, New York

39 The Museum of Modern Art, New York; Balthazar Korab Ltd., Troy, Mich. (middle and bottom)

40 National Museum of Western Art, Tokyo; Thomas Pedersen and Poul Pedersen, Arhus (bottom)

41 Richard Bryant/Arcaid, London; from Karl Fleig, ed., *Alvar Aalto* (Zurich: Girsberger, 1963) (section)

42 from Romaldo Guirgola, *Louis I. Kahn* (Boulder: Westview Press, 1975); Kimbell Art Museum, Fort Worth

43 Kimbell Art Museum, Fort Worth; from Michael Brawne, *The New Museum: Architecture and Display* (New York: Praeger, 1965) (section)

44 Richard Bryant/Arcaid, London

45 Staatsgalerie Stuttgart

46–47 Robert E. Mates © Guggenheim Museum, New York

49 Ezra Stoller © Esto Photographics, Inc., Mamaroneck, N.Y. (top left and right); E. Alan McGee Photography, Inc., Atlanta

51 Justin Wonnacot, Ottawa

53 National Archives of Canada, Ottawa (Topley SE 71); NGC Archives; National Archives of Canada, Ottawa (PA 28157)

56 NGC Archives; Timothy Hursley, Little Rock

57 National Capital Commission, Ottawa

60 Canadian Aerial Photo Corporation, Ottawa; NGC Photographic Services, Rob Fillion

61 Canada Museums Construction Corporation, Ottawa

62, 83 Moshe Safdie and Associates Inc., Boston

72, 90, 93 NGC Photographic Services

75 NGC Photographic Services, Louis Joncas

77 NGC, Timothy Hursley, Little Rock; NGC Photographic Services, Clive Cretney

78 Timothy Hursley, Little Rock; NGC Photographic Services, Clive Cretney

79 NGC, Timothy Hursley, Little Rock; NGC Photographic Services, Rob Fillion

82 Moshe Safdie and Associates Inc., Boston; NGC Photographic Services; Canada Museums Construction Corporation, Ottawa (sections)

83 Moshe Safdie and Associates Inc., Boston (plans); NGC Photographic Services, Louis Joncas

91 NGC, Malak, Ottawa

95 NGC Photographic Services, Clive Cretney; NGC, Timothy Hursley, Little Rock

96 NGC, Timothy Hursley, Little Rock; NGC Photographic Services, Rob Fillion

97 NGC, Timothy Hursley, Little Rock; Moshe Safdie and Associates Inc., Boston

99 Timothy Hursley, Little Rock; Moshe Safdie and Associates Inc., Boston

100 Timothy Hursley, Little Rock; NGC Photographic Services, Charles Hupé

103 NGC Photographic Services, Charles Hupé

104–107 NGC, Tom Gibson, Montreal

CRÉDITS PHOTOGRAPHIQUES

Les photographies sont répertoriées en fonction des numéros de page, de gauche à droite et du haut vers le bas. L'abréviation MBAC renvoie au Musée des beaux-arts du Canada.

Page de faux-titre Moshe Safdie and Associates Inc., Boston

10 Electa Editrice, Milan

11 Victoria and Albert Picture Library, Victoria and Albert Museum, Londres

12 Rijksmuseum-Stichting, Amsterdam

13 Germanisches Nationalmuseum, Nuremberg; Museum of the History of Science, Université d'Oxford

14 Réunion des musées nationaux, Paris; Archives du MBAC

15 Archives nationales du Canada, Ottawa (C59119)

16, 19 Christie, Londres

17, 52, 58–59, 63–70, 73, 74, 76, 80–81, 85, 86–89, 92, 94, 98, 101 MBAC, Timothy Hursley, Little Rock

21, 22, 84 Services de photographie du MBAC, Rob Fillion

23, 54–56 Archives du MBAC

24 La collection royale © 1993 Sa Majesté la reine; Kunsthistorisches Museum, Vienne

25 Archives du MBAC; Alinari / Art Resource, New York

26 Herzog August Bibliothek, Wolfenbüttel, Allemagne

27–28 Bibliothèque nationale, Paris

29 British Museum, Londres (en haut à gauche et à droite); Staatliche Graphische Sammlung, Munich

30 Staatliche Museum, Berlin

31 National Gallery of Art, Washington, D.C.; Kupferstichkabinett und Sammlung der Zeichnungen, Berlin

32 Guildhall Library, Corporation de la cité de Londres

33 Administrateurs du Sir John Soane's Museum, Londres; Conseil d'administration du Victoria and Albert Museum, Londres (plan)

34 Staatliche Antikensammlungen et Glyptothek, Munich; Photo-Design Waltraud Krase, Francfort; National Gallery, Londres

35 Photo-Design Waltraud Krase, Francfort; National Gallery, Londres

36 Metropolitan Museum of Art, New York; Archives Notman, Musée McCord, Montréal, photographie Musée des beaux-arts de Montréal

37, 48 National Gallery of Art, Washington, D.C.

38 David E. Scherman, gracieuseté du Museum of Modern Art, New York; The Museum of Modern Art, New York

39 The Museum of Modern Art, New York; Balthazar Korab Ltd., Troy, Mich. (au centre et en bas)

40 Musée national d'art occidental, Tokyo; Thomas Pedersen et Poul Pedersen, Arhus (en bas)

41 Richard Bryant / Arcaid, Londres; tiré de Karl Fleig (dir.), *Alvar Aalto* (Zurich, Girsberger, 1963) [coupe]

42 tiré de Romaldo Guirgola, *Louis I. Kahn* (Boulder, Westview Press, 1975); Kimbell Art Museum, Fort Worth

43 Kimbell Art Museum, Fort Worth; tiré de Michael Brawne, *The New Museum : Architecture and Display* (New York, Praeger, 1965) [coupe]

44 Richard Bryant / Arcaid, Londres

45 Staatsgalerie Stuttgart

46–47 Robert E. Mates © Guggenheim Museum, New York

51 Justin Wonnacot, Ottawa

49 Ezra Stoller © Esto Photographics, Inc., Mamaroneck, N.Y. (en haut à gauche et à droite); E. Alan McGee Photography, Inc., Atlanta

53 Archives nationales du Canada, Ottawa (Topley SE 71); Archives du MBAC; Archives nationales du Canada, Ottawa (PA 28157)

56 Archives du MBAC; Timothy Hursley, Little Rock

57 Commission de la capitale nationale, Ottawa

60 Canadian Aerial Photo Corporation, Ottawa; Services de photographie du MBAC, Rob Fillion

61 Société de construction des musées du Canada, Ottawa

62, 83 Moshe Safdie and Associates Inc., Boston

72, 90, 93 Services de photographie du MBAC

75 Services de photographie du MBAC, Louis Joncas

77 MBAC, Timothy Hursley, Little Rock; Services de photographie du MBAC, Clive Cretney

78 Timothy Hursley, Little Rock; Services de photographie du MBAC, Clive Cretney

79 MBAC, Timothy Hursley, Little Rock; Services de photographie du MBAC, Rob Fillion

82 Moshe Safdie and Associates Inc., Boston; Services de photographie du MBAC; Société de construction des musées du Canada, Ottawa (coupes)

83 Moshe Safdie and Associates Inc., Boston (plans); Services de photographie du MBAC, Louis Joncas

91 MBAC, Malak, Ottawa

95 Services de photographie du MBAC, Clive Cretney; MBAC, Timothy Hursley, Little Rock

96 MBAC, Timothy Hursley, Little Rock; Services de photographie du MBAC, Rob Fillion

97 MBAC, Timothy Hursley, Little Rock; Moshe Safdie and Associates Inc., Boston

99 Timothy Hursley, Little Rock; Moshe Safdie and Associates Inc., Boston

100 Timothy Hursley, Little Rock; Services de photographie du MBAC, Charles Hupé

103 Services de photographie du MBAC, Charles Hupé

104–107 MBAC, Tom Gibson, Montréal